세상이 함께 쓴 삶의 지혜

내 삶을 바꾼
짧고 깊은 이야기

세상이 함께 쓴 삶의 지혜

내 삶을 바꾼
짧고 깊은 이야기

전인류 지음 / 문화집단 내일 기획

가갸날

책을 펴내며

이 책의 지은이는 전 인류다. 온 세상 사람들이 공동 저자라는 의미다. 물론 상징적인 표현이다.

이 책은 '평범한 사람들의 비범한 인생론'인 《인생》과 짝을 이루는 기획물이다. 책을 펴내기 위한 작업은 퍽 오래되었다. 몇몇이 의기투합해 십수 년 전부터 자료를 모으기 시작했다.

다시 한번 동기부여가 이루어진 것은 '거대사'Big History라는 개념을 접하면서였다. 언어를 매개로 한 '집합적 학습'에서 인류의 근원을 찾는 대목이 이 책의 얼개를 구성하는 데 도움을 주었다. 집합적 학습은 필연적으로 집단지성으로 나아가기 마련이다.

오늘날까지 남아 있는 집합적 학습 혹은 집단지성의 빛나는 사례는 구비문학일 것이다. 고대세계의 대표적인 문학 작품들은 수세대에 걸쳐 입에서 입으로 구전되며 완성된 체계를 갖추었다.

문자시대에 들며 힘을 잃은 협업적 집단지성의 전통은

디지털 시대에 와서 화려하게 부활하고 있다. 그 주된 마당은 인터넷이다. 이용자들이 직접 참여해 만드는 위키피디아 같은 것이 대표적이다.

수많은 사람들이 자신의 글을 인터넷에 올려 다른 사람들과 공유하곤 한다. 감동적인 글은 순식간에 다른 사이트로 퍼져나간다. SNS는 그 속도에 불을 붙인다. 인터넷을 떠도는 가운데 살이 붙고 완성도를 높여가는 경우도 많다. 마치 구비문학의 시대처럼.

동서양의 신화, 전설, 고전에서부터 인터넷을 떠도는 최신 자료까지 많은 자료가 모였다. 기획 초기에는 주로 고전에서, 후반에는 전 세계의 웹사이트를 항해하며 자료를 찾았다. 자료를 모으면서 우리는 '한 사람의 천재보다 머리를 맞댄 대중이 훨씬 지혜롭다'는 말을 실감하였다.

모인 자료를 거르고 엄선해 세상에 내놓는다. 잠언과 운문을 《인생》이라는 별도의 책으로 묶고, 이야기 구조를 갖춘 산문만 모아 엮은 것이 이 책이다. 이 책에는 모두 60여 편의 이야기가 실려 있다. 한마디로 세상사람들이 함께 빚은 이야기 인생철학서라고 할 수 있다. 가족, 벗,

이웃, 연인, 동물, 지혜 등 6부로 나뉘어 있는데, 하나같이 감동적이고 가슴 뭉클한 이야기다.

이 책에 실린 글은 대부분 집단지성, 집단창작의 산물이다. 원작자를 알 수 있는 경우는 소수고, 수십, 수백만 명이 읽고 회람하는 가운데 완성된 이야기로 자라났다. 그럼에도 혹여 불가항력으로 원작자를 밝히지 못한 사례가 있을 수 있다. 확인되는 대로 사실을 바로잡음은 물론, 응분의 예우를 갖출 것임을 밝힌다. 역사 인물과 관련된 글 가운데 일부는 사실과 다른 부분이 있다. 대부분의 글이 실화에 바탕을 두고 있기는 하지만, 그 주된 의도는 이야기를 통해 삶의 지혜를 전달하는 데 있다. 이 책에 실린 글들이 멈추지 않는 생명력으로 더욱 자라나기를 바라는 마음 간절하다.

독자들이 공감할 수 있기를 바라는 마음으로 조심스레 세상에 내놓는다.

2016년 6월
문화집단 내일

차 례

아낌없이
주는 나무

가족은 한 권의 책이다.
아이들은 책의 낱장이고,
부모는 낱장 하나하나의 아름다움을 보호하는 표지다.

사랑하는 아가야

2008년 중국 쓰촨 지방에 끔찍한 지진이 발생하였다. 지진의 폐해는 도시와 마을의 형체를 찾을 수 없을 만큼 참혹하였다.

한 젊은 여인이 살던 집터에 구조대가 도착하였다. 쓰러진 건물의 폐허를 살피던 구조대는 건물 잔해 사이에서 여인의 시체를 발견하였다.

그런데 그녀의 자세가 특이하였다. 마치 기도하듯이 무릎을 꿇고 있었다. 몸은 앞으로 수그리고 있었으며, 두 손은 어떤 물체를 지지하고 있는 듯했다. 무너진 집은 여인의 등과 머리를 으깨버렸다.

구조대는 그녀가 살아 있으리라는 한 가닥 희망을 버리지 않았다. 좁은 틈새로 손을 집어넣어 겨우 여인의 몸에 닿을 수 있었다. 그러나 차갑고 딱딱하게 굳은 몸은 그녀가 이미 세상을 떠났음을 알려주었다. 안타까움을 뒤로 한 채, 구조대는 다음 건물을 수색하기 위해 걸음을 옮겼다.

다음 건물로 향하던 구조대원이 갑자기 멈춰섰다. 무언가 석연치 않다는 듯 고개를 갸웃하더니, 그는 죽은 여인의 집으로 다시 돌아갔다. 그리고 무릎을 꿇고 틈새 안으로 손을 집어넣어, 시체 아래의 공간을 살폈다. 갑자기 그가 소리를 질렀다.

"아이다! 여기 아이가 있다!"

구조대원들이 힘을 합쳐 여인을 둘러싸고 있던 잔해들을 조심스럽게 제거해 나갔다. 어머니의 시체 아래에는 꽃무늬 담요에 쌓인 갓난아이가 놓여 있었다. 태어난 지 3개월쯤 된 아기였다. 어머니가 아들을 지키기 위해 자신의 목숨을 바친 것이 분명했다. 집이 무너질 때, 자신의 몸으로 아들을 감싼 것이다.

소식을 듣고 달려온 의사가 아기의 상태를 살펴보았다. 다행히도 아기는 건강하였다.

아기를 감싸고 있던 담요 속에서 휴대전화 한 대가 발견되었다. 전화기를 만지자 화면에 문자 메시지가 떠올랐다.

"사랑하는 아가야. 만약 네가 살아남는다면, 엄마가 너를 사랑한다는 것을 꼭 기억하렴."

어머니의 인생길

"긴 여행이 될까요?"

젊은 어머니가 인생길에 오르며 물었다. 안내자가 대답했다.

"그럴 거예요. 그리고 아주 고된 여정이랍니다. 끝에 이르기도 전에 늙고 말 거예요. 하지만 끝이 시작보다는 더 좋을 겁니다."

젊은 어머니는 기뻐하며 생각했다. 어떤 것도 요즘보다 더 좋을 수는 없을 거라고. 그래서 그녀는 아이들과 놀아주고, 보살피고, 목욕시키고, 또 신발 끈은 어떻게 묶는지, 자전거는 어떻게 타는지를 가르쳤다. 또 개한테 먹이를 주고, 숙제를 하고, 이를 닦으라고 일러주었다.

태양이 그들을 환히 비추어주었다. 어머니는 기쁨의 눈물을 흘리며 말했다.

"누구도 이보다 사랑스러울 순 없을 거야."

밤이 찾아왔다. 태풍도 불었다. 길은 이따금 어두워졌으며, 아이들은 두려움과 추위에 몸을 떨었다. 어머니는

아이들을 곁으로 불러 두 팔로 꼭 안아주었다. 아이들은
말했다.

"엄마, 우리는 무섭지 않아요. 엄마가 옆에 계시니 나쁜
일은 일어나지 않을 거예요."

그리고 아침이 되있다. 눈앞에는 언덕이 있었다. 아이
들은 언덕을 오르며 힘들어 했다. 어머니도 힘들기는 마찬
가지였다. 언제나 어머니는 아이들을 격려하며 말했다.

"조금만 힘을 내. 거의 다 왔어."

아이들은 오르고 또 오르며 태풍을 견디는 법을 배웠다.
어머니는 아이들이 세상과 맞설 수 있는 힘을 길러주었다.
해가 지나도 변함없이 어머니는 아이들에게 애정과 이해,
희망, 그리고 무엇보다도 무조건적인 사랑을 보여주었다.
마침내 아이들은 정상에 올랐다. 정상에 오른 아이들은
이렇게 말했다.

"엄마가 안 계셨다면 우리는 못 해냈을 거예요."

날이 가고, 주가 가고, 달이 가고, 해가 갔다. 어머니는
나이가 들며 점차 작아지고 굽어갔다. 그러나 아이들은
크고 튼튼했다. 그들은 용기를 갖고 뚜벅뚜벅 걸어갔다.
어머니는 밤에 자리에 누웠을 때, 하늘의 별을 보며 말했다.

"이보다 더 좋을 수 있을까? 아이들은 많은 것을 배웠고, 이제 그 지혜를 자신의 아이들에게 전해 주고 있구나."

어머니가 걷기 힘들 때는 아이들이 어머니를 업고 걸었다. 마치 어머니가 아이들에게 그랬던 것처럼 어머니에게 힘을 주었다.

어느 날 그들은 한 언덕에 도달하였다. 언덕 너머로 빛나는 길과 활짝 열린 금빛 대문이 보였다. 어머니는 말했다.

"내 여정은 여기서 끝이구나. 이제서야 끝이 시작보다 좋다는 걸 알겠다. 내 아이들이 당당함과 정직함을 지녔으며, 손자들도 너희를 따를 테니 말이다."

그러자 아이들이 대답했다.

"어머니는 언제나 우리와 함께하실 거예요. 저 문을 통과하실 때도 말이에요."

아이들은 서서 어머니가 홀로 문을 통과하는 것을 지켜보았다. 어머니가 안으로 들어가자 문이 닫혔다. 아이들은 말했다.

"어머니를 볼 순 없지만, 항상 우리와 함께 계실 거야."

- 템플 베일리

할머니 목숨을 구한 다섯 살 소녀

수요일 아침 7시를 갓 지난 시각이었다. 케너 시 변두리의 한 집에 불이 났다. 앞을 못 보는 늙은 할머니와 다섯 살짜리 손녀는 곤히 잠들어 있었다. 소녀의 어머니는 삼십여 분 전에 집을 나가고 없었다. 아들을 학교에 데려다주기 위해서였다.

별안간 화재 감지기가 울렸다. 소녀는 비록 5살짜리 어린애에 불과했지만, 무슨 일이 일어났는지 금세 알아차렸다. 그녀는 자리에서 벌떡 일어나 할머니가 주무시는 방으로 뛰어갔다.

"할머니, 불이 났어요. 빨리 일어나세요."

할머니는 잠결에 영문을 몰라 엉거주춤 일어나 앉았다.

"할머니, 집에 불이 났어요. 빨리 피해야 해요."

소녀는 할머니를 재촉해 일으켜 세웠다. 앞을 못 보는 할머니는 당황해 어쩔 줄 몰라 했다. 소녀는 할머니의 손을 잡고 앞장서 현관으로 향했다.

"코코, 너도 이리 와."

코코는 소녀가 애지중지하는 반려견이었다. 소녀의 말에 코코가 쪼르르 소녀에게로 달려왔다.

현관에 다다른 할머니는 발걸음을 멈추고 신발을 찾았다. 그러자 소녀는 다급한 목소리로 말했다.

"할머니, 신발은 놔두시고요. 얼른 나가야 돼요."

소녀와 할머니, 그리고 코코는 무사히 화재 현장을 빠져나왔다. 어린 소녀 덕에 할머니와 애완견은 목숨을 건질 수 있었다.

소녀의 이름은 클로에 우즈였다. 유치원에 다니는 어린 아이였다. 다섯 살배기 어린 소녀가 그 절박한 상황에서 어떻게 그렇게 침착하게 행동할 수 있었는지 믿기지 않는다.

"화재 감지기가 울리는 소리를 들었을 때 클로에가 숨지 않고, 할머니에게 달려가 집 밖으로 피신하게 한 것은 정말 놀라운 일입니다."

사건의 자초지종을 지켜본 케너 소방서 존 헬머스 소장은 연신 칭찬을 아끼지 않았다.

클로에는 화재 감지기 소리를 듣고 잠에서 깨자마자, 곧바로 케너 소방서에서 배운 내용을 떠올렸다. 지난해

10월 클로에가 다니는 유치원에서 소방서에 견학을 다녀왔던 것이다. 유치원 선생님은 소방서에서 들려준 이야기를 이렇게 기억했다.

"만일 화재가 나면, 안전하게 집을 빠져나오는 일이 제일 중요해요."

어린아이들은 스펀지가 물을 빨아들이듯이 새로운 것을 배운다. 4개월 전에 잠깐 체험하고 들은 이야기를 절박한 실제상황에서 실천하기는 쉬운 일이 아니어도. 클로에 이야기를 전하는 숱한 보도기사에는 클로에를 비롯한 어린이들이 소방 호스를 들고 소방관의 이야기에 귀기울이는 사진이 실려 있다.

집에서 빠져나온 클로에는 이웃집으로 달려갔다.

"우리 집에 불이 났어요. 소방서에 전화해 주세요."

그리고 연이어 급히 말했다.

"물이 필요해요. 불을 끌 물이오."

그녀는 소방 호스를 사용하려면 물이 필요하다는 것을 기억하고 있었다.

이때 아들을 학교에 데려다주고 클로에의 어머니가 돌아왔다. 그녀는 클로에가 도로를 내달리고, 할머니가 길가에 망연자실해 앉아 있는 것을 보았다. 상황을 눈치챈 어머니는 연기 나는 집으로 뛰어갔다.

"현관문을 열었어요. 믿을 수 없더군요. 시커먼 연기 속에서 불꽃이 타오르고 있었어요."

경찰과 소방대원들이 잇따라 도착했다. 화재는 곧 진압되었다.

불은 부엌에 있던 난로에서 시작되어 거실로 번진 것으로 밝혀졌다. 난로 점화장치의 고장이 원인이었다.

"제 딸이 자랑스러워요. 모두가 무사해서 정말 다행이에요."

클로에의 어머니는 안도의 숨을 내쉬며 말했다.

앞을 못 보는 할머니의 목숨을 구한 5살 어린 소녀의 놀라운 이야기는 지역사회의 미담으로 번져갔다. 이웃들은 클로에를 '작은 영웅'이라며 칭찬하였다. 클로에가 다니는 유치원은 클로에가 살 집을 새로 지어주기 위해 성금을 모았다.

- 이 이야기 속의 화재는 2016년 2월 17일 미국 루이지애나 주 케너 시에서 일어났다.

아버지와 아들

미식축구를 무척 사랑한 소년이 있었다. 소년은 누구보다 열심히 연습에 연습을 거듭했다. 그러나 깡마른데다 키가 작아 다른 아이들보다 한참 체구가 작은 소년은 팀의 전력에 보탬이 되지 못했다. 그저 벤치를 지킬 뿐, 경기에서 뛰는 일이라곤 거의 없었다.

소년은 아버지와 단 둘이 살았는데, 부자간의 관계는 아주 특별했다. 아들이 경기에 나서는 일이 없어도 아버지는 항상 관중석에서 아들을 응원했다. 경기에 빠지는 일이라곤 없었다.

고등학교에 들어가서도 소년은 반에서 가장 키가 작았다. 그러나 소년의 아버지는 한결같이 소년을 응원하고 격려했다.

소년은 미식축구를 너무도 사랑했기에 어떤 역경에도 굴하지 않았다. 최선을 다해 노력했지만, 그는 졸업반이 되어서야 한두 경기에 나설 수 있었다. 고등학교 전 학년 동안 그는 줄곧 벤치를 지키는 후보 선수로 지냈다. 그럼

에도 불구하고 그는 단 한 번도 연습이나 경기에 빠진 적이 없었다.

대학 진학을 앞두고 소년은 미식축구 팀 선발시험에 지원했다. 사람들은 그가 시험에서 탈락할 것이라고 예상했다. 그러나 결과는 예상 밖이었다. 감독은 소년이 언제나 열정을 다해 연습에 임하고 다른 팀원들의 사기를 진작시키는 점을 평가해 팀의 일원으로 받아들였다.

합격 소식을 들은 소년은 전화 부스로 달려가 아버지에게 전화를 걸었다. 기쁘기는 소년의 아버지도 소년 못지않았다. 그들은 함께 기쁨을 나누었다.

끈기있고 성실한 이 젊은 운동선수는 대학에 진학해서도 4년 동안 단 한 번도 연습에 빠진 적이 없었다. 그러나 시합에는 나서지 못했다. 졸업을 앞두고 중요한 축구 시합이 예정되어 있었다. 연습을 위해 운동장으로 달려나가려는데, 감독이 그에게 전보를 건넸다.

전보를 읽은 청년의 얼굴이 사색으로 변했다. 한동안 말이 없던 그는 북받치는 감정을 억누르며 감독에게 말했다.

"아버지께서 오늘 아침에 돌아가셨습니다. 오늘 연습에

빠져도 되겠습니까?"

감독은 청년의 어깨를 다독이며 말했다.

"어서 가보게. 이번 토요일 시합일랑 걱정하지 말고 장례 잘 치르게나."

결전의 날, 토요일이 밝았다. 경기는 잘 풀리지 않았다. 3쿼터가 진행될 때까지 팀은 10점을 뒤지고 있었다. 아무도 없는 탈의실에 조용히 들어온 청년은 서둘러 운동복으로 갈아 입었다.

그가 경기장으로 달려 들어오자 감독과 선수들은 깜짝 놀랐다. 자신들의 신실한 동료가 그처럼 **빨리** 돌아올 것이라고는 상상을 못했던 것이다.

"감독님, 저를 뛰게 해주십시오. 저는 오늘 경기에 꼭 나가야 합니다."

청년이 말했다.

그러나 감독은 짐짓 모른 체했다. 이같이 중요한 시합에 형편없는 선수를 내보낼 수는 없는 일이었다.

청년은 물러서지 않고 간청했다. 청년의 애원에 연민의 정을 느낀 감독은 마지 못해 청년의 청을 들어주었다.

"좋아, 들어가 뛰어봐."

청년이 교체되어 들어가자마자 상황이 바뀌었다. 감독은 자신의 눈을 믿을 수 없었다. 선수들과 관중들도 마찬가지였다. 조그마한 체구의 이름도 알려지지 않은 선수가 종횡무진 운동장을 휘젓는 게 아닌가?

상대 팀은 그를 막을 수 없었다. 그는 상대 진영으로 내달리고, 패스를 성공시켰다. 상대의 공격은 태클로 막아내었다. 그의 팀이 점수를 올리기 시작했다. 순식간에 동점이 되었다. 경기 막판에 상대의 패스를 가로챈 청년은 전력질주해 승리를 장식하는 터치다운을 성공시켰다.

팬들은 열광했다. 동료들은 청년을 무등 태우며 승리를 자축했다.

승리의 기쁨 속에 관중들이 스탠드를 빠져나가고, 선수들도 모두 탈의실로 자리를 옮겼다. 그러나 청년은 운동장 한켠에 홀로 조용히 앉아 있었다. 그를 본 감독이 다가와 말했다.

"이봐, 자네 오늘 대단했어. 믿기지가 않는군. 도대체 어떻게 된 건가?"

청년의 두 눈에는 눈물이 가득 고여 있었다. 청년은 눈물방울을 떨구며 말했다.

"감독님, 저희 아버지께서 돌아가신 것 아시잖습니까? 그런데 저희 아버지께서 장님인 건 모르셨죠?"

청년은 슬픔을 억누르며 웃음지으려 애썼다.

"아버지께서는 우리 팀이 시합하는 모든 경기에 다 오셨지요. 그렇지만 오늘이 아버지께서 제가 뛰는 것을 본 첫 시합이었습니다. 아버지께 제가 할 수 있다는 것을 보여드리고 싶었습니다."

아름다운 흉터

몇 해 전 어느 더운 여름 날의 일이다. 어린 소년이 남 플로리다 자신의 집 뒤꼍의 호수에서 수영을 하고 싶어 하였다. 호수는 집 뒤란과 이어져 있었다. 차가운 물 속 으로 빨리 뛰어들고 싶은 마음에 소년은 신발, 양말, 셔 츠를 거실 바닥에 벗어 던지고는 뒷문을 박차고 달려 나 갔다.

물 속으로 풍덩 뛰어든 소년은 이내 호수 안쪽으로 헤 엄쳐 나가기 시작했다. 그는 악어가 호수 기슭을 향해 헤 엄쳐 오는 것을 전혀 알아차리지 못하고 있었다.

마당에서 일하고 있던 소년의 아버지가 그것을 목격 하였다. 둘의 사이는 점점 가까워지고 있었다. 극도의 두 려움에 사로잡힌 소년의 아버지는 호숫가로 뛰어가며 큰 소리로 소년에게 소리쳤다. 아버지의 목소리를 들은 소년은 깜짝 놀라 아버지 쪽으로 방향을 틀었다. 그러고는 있는 힘껏 헤엄쳤다.

그러나 너무 늦었다. 소년이 아버지에게 다다랐을 즈음,

악어도 이미 소년 곁에 이르렀던 것이다. 아버지는 둑 위에서 어린 아들의 양팔을 움켜쥐었다. 동시에 악어도 소년의 발을 잡아챘다.

소년을 서로 끌어당기는 믿기 힘든 싸움이 둘 사이에 시작되었다. 악어가 아버지보다 훨씬 힘이 셌지만, 아들을 빼앗기지 않으려는 아버지는 필사적이었다.

때마침 차를 타고 지나가던 한 농부가 아버지의 비명 소리를 들었다. 농부가 트럭에서 달려나와 총으로 악어를 쏘았다.

병원으로 옮겨진 소년은 몇 주 후에 놀랍게도 목숨을 건질 수 있었다. 소년의 다리에는 탐욕스러운 악어의 공격으로 심한 흉터가 생겼다. 팔에도 깊이 할퀸 자국이 남았다. 사랑하는 아들을 붙잡기 위해 혼신의 노력을 다하는 과정에서 아버지의 손톱이 소년의 살을 파고들어 생긴 흉터였다.

트라우마에서 벗어난 소년을 인터뷰한 신문기자는 소년에게 상처를 보여줄 수 있는지 물었다. 소년은 바짓단을 걷어 올렸다. 그러고 나서 자랑스러운 목소리로 기자에게 말했다.

"여기 제 팔을 보세요. 팔에도 아름다운 흉터가 있답니다. 제 아버지께서 저를 악어에게 내주지 않으려다 생긴 것이지요."

딸에게 만들어준 이야기책

깊은 슬픔에 잠겨, 밥 메이는 창 밖으로 비치는 차가운 12월 밤의 풍경을 하염없이 바라보고 있었다. 네 살배기 딸 바바라는 그의 무릎에 앉아 조용히 흐느끼고 있었다.

아내 에블린이 암으로 죽어가고 있었다.

어린 바바라는 왜 엄마가 집에 올 수 없는지를 이해할 수 없었다. 바바라는 아빠의 눈을 바라보며 물었다.

"왜 우리 엄마는 다른 엄마들 같지 않아?"

밥은 입술을 꼭 깨물었다. 눈에 눈물이 차올랐다. 아이의 질문은 큰 슬픔과 함께 분노를 일으켰다. 그의 인생은 늘 이런 식이었다. 삶은 한번도 그에게 친절한 적이 없었다.

어렸을 때 밥은 다른 아이들에게 괴롭힘을 당했다. 작은 몸집은 운동 경기를 할 때 불리했다. 심한 놀림을 당하는 것은 일상이었다. 어릴 때부터 그는 다른 아이들과 달랐으며, 무리에 섞여 들어갈 수 없었다.

그래도 밥은 대학을 졸업했고, 사랑하는 아내와 결혼

했으며, 대공황 시기에 몽고메리 워드 사의 카피라이터로 취직했다. 사랑의 결실인 딸도 얻었다. 그러나 행복은 너무나 짧았다. 아내의 암 치료비로 차곡차곡 모아둔 돈이 순식간에 사라졌다. 밥과 어린 딸은 시카고 슬럼가의 방 두 개짜리 작은 아파트로 내몰렸다. 아내는 1938년, 크리스마스를 며칠 앞두고 세상을 떠났다.

밥은 크리스마스 선물을 사주기조차 힘든 상황 속에서도, 아이에게 희망을 주기 위해 노력했다. 사줄 수 없다면 만들어주리라. 그는 딸을 위해 직접 이야기책을 만들기로 결심했다.

그는 상상 속의 캐릭터를 하나 만들고, 딸에게 위안과 희망을 주는 동물 이야기를 들려주었다. 딸에게 들려줄 때마다 이야기에 살이 붙었다.

그 캐릭터는 누구고, 어떤 이야기였을까? 밥이 지어낸 이야기는 자신의 삶을 우화로 각색한 것이었다. 그가 만든 캐릭터도 마치 자신의 어린 시절처럼 무리에 적응하지 못하고 따돌림을 당했다. 캐릭터의 이름은 크고 빛나는 코를 가진 어린 순록 루돌프였다.

밥은 크리스마스 날에 맞추어 책을 완성했다. 하지만

이야기는 거기서 끝나지 않았다.

몽고메리 워드의 총책임자는 이 책에 대한 소문을 듣고, 책을 인쇄할 수 있는 권리를 밥 메이에게서 사갔다. 워드 사는 《빨간 코 순록, 루돌프》를 인쇄하여, 가게에 산타클로스를 만나러 오는 아이들에게 선물로 나눠주었다. 1946년까지 6백만 부가 넘는 책이 배포되었다. 같은 해에 한 거대 출판사가 내용이 추가된 새로운 버전의 루돌프 책을 출판하고 싶다고 요청해 왔다.

워드 사는 새로운 계약에 따르는 모든 권리를 밥 메이에게 돌려주었다. 좀처럼 찾아보기 힘든 일이었다. 책은 베스트셀러가 되었다. 장난감 제작을 비롯해 루돌프 캐릭터를 활용하는 많은 사업 제안이 밥 메이에게 들어왔다.

밥의 처남인 조니 마크스는 루돌프 이야기를 노래로 만들었다. 비록 유명 가수인 빙 크로스비나 디나 쇼어에겐 거절당했지만, 노래하는 카우보이 진 오트리의 목소리로 녹음되었다. 1949년에 발매된 〈루돌프 사슴 코〉는 기록적인 큰 성공을 거두었다. 〈루돌프 사슴 코〉보다 더 높은 판매고를 기록한 캐럴은 오직 〈화이트 크리스마스〉뿐이었다.

밥 메이가 딸을 위해 만든 사랑의 선물은 이처럼 오래
도록 그에게 축복을 돌려주었다.

기적의 값

소녀는 침실 옷장 속에 몰래 숨겨둔 유리병을 꺼냈다. 그리고 병에 든 동전을 바닥에 쏟고는 신중하게 세기 시작했다. 전부 합해서 정확히 얼마인지 확인하기 위해 세 번이나 거듭 세었다.

소녀는 조심스럽게 동전을 다시 병에 넣고는 뚜껑을 꽉 잠갔다. 잠시 후 뒷문을 빠져나온 소녀는 여섯 블록 떨어진 약국으로 향했다. 커다란 인디언 추장이 그려진 간판이 소녀를 맞이했다.

소녀는 약사가 자신을 알아차릴 때까지 참을성 있게 기다렸다. 하지만 약사는 딴데 정신이 팔려 있었다. 소녀는 헛기침을 하고 온 힘을 다해 구역질 소리를 내보았다. 그래도 반응이 없었다. 마침내 소녀는 병에서 25센트짜리 동전을 꺼내 유리장 위에 탕 소리를 내며 내려놓았다. 드디어 약사의 주의를 끄는 데 성공했다.

"뭐가 필요하니, 꼬마야?"

약사는 귀찮은 내색을 숨기지 않으며 물었다.

"나는 지금 몇 년 만에 만난 동생이랑 얘기를 나누고 있단다."

그는 소녀의 대답을 기다리지도 않고 재빨리 말을 이었다.

"흠, 저도 제 남동생 얘기를 좀 하고 싶은데요."

약사의 귀찮아하는 목소리를 흉내내며 소녀가 대답했다.

"동생이 지금 많이 아파요. 저는 기적을 사고 싶어요."

"뭐라고?"

약사가 자신의 귀를 의심하며 되물었다.

"동생 이름은 앤드류예요. 머릿속에 무슨 나쁜 게 자라고 있대요. 아빠는 기적만이 앤드류를 살릴 수 있다고 했어요. 도대체 그 기적이라는 게 얼마죠?"

"우리는 기적을 팔지 않는단다, 아가야. 도와줄 수 없어 미안하구나."

약사는 한결 누그러진 목소리로 이야기했다.

"저기요, 저 돈도 낼 수 있어요. 이걸로 부족하다면 돈을 더 가져올 게요. 그냥 얼마인지만 말해 주세요."

약사의 동생은 멋들어지게 차려 입은 신사였다. 그는

쭈그려 앉아 아이의 눈높이에 맞추고는 물었다.

"지금 동생한테 필요한 기적이 뭐니?"

"저도 몰라요. 그냥 동생이 많이 아프고, 수술을 해야한다고 들었어요. 하지만 아빠한테는 돈이 없대요. 그래서 제 돈을 쓰고 싶어요."

소녀는 눈물이 그렁그렁 맺힌 눈으로 대답했다.

"그래서 얼마를 갖고 있니?"

신사가 물었다.

"1달러하고 11센트요."

테스는 들릴락 말락 한 목소리로 대답했다.

"그게 제가 가진 전부예요. 하지만 필요하면 더 가져올 수 있어요."

"이런 우연이 있나."

신사가 미소를 지었다.

"1달러하고 11센트라… 남동생을 위한 기적이 딱 그 가격이란다."

그는 한 손에 돈을 쥐고, 다른 손으로는 소녀의 장갑 낀 손을 잡으며 말했다.

"자, 너희 집에 데려가 다오. 동생을 보고 부모님을 만나고 싶구나. 내가 그 기적을 줄 수 있을지 한번 보자."

그 신사는 칼튼 암스트롱 박사로 뇌 수술을 전문으로 하는 외과의사였다. 수술은 무료로 이루어졌다. 앤드류는 얼마 지나지 않아 건강한 몸으로 집에 돌아올 수 있었다.

엄마와 아빠는 그들에게 일어난 기적에 대해 즐겁게 이야기를 나누었다.

"수술 말이에요. 그건 정말 기적이었어요. 안 그래요? 도대체 얼마가 들었을지 궁금해요."

소녀는 미소지었다. 그녀는 기적이 얼마인지 정확히 알고 있었다.

피아노 콘서트

로비는 늦둥이였다. 아들이 피아노 치는 소리를 듣고 싶었던 어머니는 로비를 피아노 학원에 보냈다. 문제는 로비의 재능이었다. 음악적 재능이라고는 눈곱만큼도 없던 로비는 배우는 속도가 무척 느렸다.

선생님은 로비에게 큰 기대를 갖지 않았다. 그래도 어머니는 여간 열성적인 게 아니었다. 결석 한 번 없이 정해진 시간에 로비를 피아노 학원에 보냈다.

어느 날부터 로비는 더 이상 피아노 수업에 오지 않았다. 촉망받는 학생도 아니었기에, 선생님은 로비의 결석을 대수롭지 않게 생각했다. 얼마 지나지 않아, 그녀는 피아노 콘서트를 기획하게 되었다. 학생과 주민들에게 빠짐없이 콘서트 초대장을 보냈다.

그러자 한동안 수업에 나오지 않던 로비에게서 별안간 전화가 왔다. 자신도 콘서트에 참가하고 싶다는 것이었다. 선생님은 로비의 실력이 충분하지 않고, 더 이상 수업을 듣지도 않기 때문에 곤란하다고 부드럽게 타일렀다.

로비는 실망시키지 않겠다며, 제발 기회를 달라고 빌고 또 빌었다. 제자의 끈질긴 부탁에 선생님은 마침내 백기를 들 수밖에 없었다. 그래도 혹시나 마지막 순간에 마음을 바꾸지 않을까 하는 기대를 갖고 로비를 맨 마지막 순서에 넣었다.

마침내 콘서트 날이 밝았다. 이 날을 위해 실력을 갈고 닦은 아이들의 연주가 콘서트홀을 가득 채웠다. 드디어 로비의 순서가 되었다. 사회자의 호명과 함께 로비가 무대로 나왔다. 그는 복장이 엉망이었고, 머리도 제대로 다듬지 않은 채였다.

선생님은 로비가 이 멋진 이벤트를 다 망치는 것은 아닌지 전전긍긍했다. 그러나 그것은 기우였다. 로비가 연주를 시작하자 청중은 숨죽여 귀를 기울였다. 작은 소년의 놀라운 솜씨에 누구 하나 입을 다물지 못했다. 로비의 연주는 단연코 그날의 백미였다.

연주가 끝나자 선생님을 비롯한 모든 청중이 기립 박수를 보냈다. 누군가 그에게 어쩜 그렇게 피아노를 잘 치느냐고 물었다.

무대에 마련되어 있던 마이크에 대고 로비가 입을 열었다.

"저는 매주 가던 피아노 수업에 한동안 가지 못했습니다. 어머니가 암으로 편찮으셔서 저를 데려다주실 수 없었거든요. 오늘 아침에 어머니는 돌아가셨습니다. 저는 어머니께 이 연주를 바치고 싶었습니다. 어머니께시 제 언주를 들으신 건 오늘이 처음입니다. 살아 계실 때, 어머니는 귀가 들리지 않으셨거든요. 하지만 저는 어머니께서 오늘 제 연주를 들으셨으리라고 믿어요. 오늘의 연주는 어머니를 위한 것이었습니다."

낡은 일기장

여든 살 노인이 마흔다섯 살 먹은 아들과 함께 거실 소파에 앉아 있었다. 그때 갑자기 까마귀 한 마리가 날아와 창틀에 앉았다. 아버지는 아들에게 물었다.

"저게 뭐니?"

아들이 대답했다.

"그건 까마귀죠."

몇 분이 지나, 아버지가 아들에게 두 번째로 물었다.

"저게 뭐지?"

"아버지, 제가 방금 말씀드렸잖아요. 까마귀라고."

아들의 대답을 들은 지 얼마 지나지 않아서였다. 늙은 아버지가 아들에게 세 번째로 물었다.

"저게 뭐라고?"

"그건 까마귀라고요, 까마귀."

대답하는 아들의 목소리에는 짜증이 묻어나왔다.

조금 더 있다가 아버지는 아들에게 다시 한 번 물었다.

"저게 뭐니?"

같은 질문이 반복되는 것을 더 이상 참을 수 없었던 아들은 아버지에게 소리를 질렀다.

"왜 자꾸 같은 질문을 계속하시는 거예요? 제가 거듭 말씀드렸잖아요. 까마귀라고요. 모르시겠어요?"

잠시 뒤, 아버지는 방으로 들어가 낡은 일기장을 가지고 돌아왔다. 아들이 태어났을 때부터 간직해 오던 것이었다. 아버지는 첫 장을 펼쳐 아들에게 읽어보라고 했다. 거기에는 이렇게 적혀 있었다.

"오늘 세 살 난 아들과 함께 소파에 앉아 있을 때, 까마귀가 와서 창틀에 앉았다. 아들은 그게 뭐냐고 스물세 번이나 물어보았고, 나는 아이에게 꼬박 스물세 번을 까마귀라고 대답해 주었다. 아이가 계속해서 묻고, 또 물을 때마다 사랑을 담아 꼭 안아주었다. 나는 조금도 화가 나지 않았다. 오히려 이 순수한 아이에 대한 사랑이 더욱 커질 뿐이었다."

기적의 노래

카렌의 뱃속에 새로운 생명이 들어섰다. 여느 엄마들처럼 그녀는 세 살배기 마이클이 동생을 맞을 수 있도록 준비를 해나갔다. 우선 아이에게 새로 태어날 동생이 여자아이라고 말해 주었다.

마이클은 매일 밤 엄마 뱃속에 있는 동생을 위해 노래를 불러주었다. 만나기 전부터 마이클과 뱃속의 아기는 둘만의 유대감을 깊이 쌓아나갔다.

시간이 흘러 산통이 찾아왔다. 산통의 주기가 점점 짧아졌다. 드디어 분만 단계에 접어들었다. 그러나 몇 시간이 흘러도 아기는 세상 밖으로 나올 줄을 몰랐다. 마침내 어렵고 긴 산고 끝에 아이가 태어났다. 그러나 분만하는 과정에서 발생한 여러 문제로 인해 신생아의 건강은 아주 심각했다.

아기는 세인트메리 병원의 신생아 병동으로 옮겨졌다. 상태는 계속 악화되었다. 소아과 의사마저 아기에게 희망이 없다고 말했다. 어쩌면 최악의 경우를 대비해야 할지 모를 상황이었다. 슬프지만, 카렌과 남편은 아이를 떠나보낼 묘지를 알아봐야 했다. 새 생명이 세상에 오자 마자 바로 장례식 준비에 들어가야 했다.

그런데도 마이클은 계속해서 동생을 보러 가고 싶다며 졸라댔다.

"동생한테 노래를 불러주고 싶단 말이에요."

병원에 입원한 지 2주차에 접어들면서 아기는 신생아 병동에서 중환자실로 옮겨졌다. 그 주가 다 가기 전에 아무래도 장례식을 치를 분위기였다. 그 사이에도 마이클은 동생에게 노래를 불러주겠다고 계속 떼를 썼다. 마이클은 어리기 때문에 중환자실에 들어가는 것이 허용되지 않았다.

마이클의 간청을 이길 수 없었던 카렌은 병원 측의 허락이 없더라도 마이클을 동생한테 데려다주기로 결심했다. 마이클에게 몸에 맞지 않는 큰 수술복을 입혀 병실 안으로 데려갔다. 헐렁한 옷을 입은 마이클의 모습이 마치 걸어다니는 세탁물 바구니처럼 보였다. 마이클이 들어오는 것을 보고 간호사가 막아섰다.

"여기서 나가주세요. 어린이는 출입이 금지되어 있습니다."

그 말에 카렌 안에 내재된 모성이 발동하였다. 평소 온화하기 그지없는 카렌이었지만 이번만큼은 매서운 눈빛과 단호한 입매로 간호사의 얼굴을 바로 보며 말했다.

"이 애가 동생을 보기 전까지는 나가지 않을 겁니다."

결국 마이클은 동생을 만날 수 있었다. 마이클은 시시각각 삶의 온기를 잃어가는 동생의 얼굴을 잠자코 바라보았다. 잠시 후, 마이클은 세 살 아이 특유의 천진한 음성으로 노래를 시작했다.

"너는 나의 햇살, 나의 유일한 햇살. 저 하늘이 어두워져 갈 때도 너는 나를 행복하게 만들어."

놀랍게도 아기는 즉각적으로 노래에 반응하기 시작했다. 맥박이 조금씩 안정을 찾는 듯했다.

"계속 노래해 주렴, 마이클."

눈에 눈물이 가득 고인 카렌이 말했다.

"내가 너를 얼마나 사랑하는지 아마 넌 모를 거야. 제발 내 햇살을 데려가지 말아줘."

마이클은 계속해서 노래를 불렀다. 아기의 불안정하고 거친 숨소리는 점차 새끼 고양이의 숨결처럼 부드러워졌다.

"계속해서 노래를 불러주렴, 우리 착한 마이클."

"어느 날 밤, 난 팔에 너를 안고 잠드는 꿈을 꾸었어."

어린 동생은 휴식을 취하듯 고요히 숨쉬기 시작했다. 평화로움이 아이를 에워싼 느낌이었다.

"마이클, 계속해."

조금 전에 까칠하게 굴었던 간호사마저 하염없이 눈물을 흘리고 있었다. 카렌 역시 상기된 얼굴이었다.

"너는 나의 햇살, 나의 유일한 햇살. 제발 내 햇살을 데려가지 말아줘."

바로 그 다음 날, 아이는 집으로 퇴원해도 될 정도로 상태가 호전되었다.

언론에서는 '오빠가 불러준 노래의 기적'이라고 소개하였다. 의료진들도 기적이라는 말 외에 다른 말을 찾을 수 없었다.

어머니와 함께한 저녁 식사

결혼한 지 21년째 되던 해였다. 어느 날 아내가 나보고 다른 여성과 저녁 식사도 하고 영화도 보라고 권하는 것이었다.

"여보, 나는 당신을 사랑지만, 이 세상에 나 말고도 또 다른 여인이 당신을 사랑한다는 것을 알고 있어요. 그분이 당신과 시간을 갖고 싶어 할 거예요."

아내가 말한 또 다른 여인은 다름아닌 내 어머니였다. 어머니는 19년간 홀로 지내오셨다. 그동안 일이 바쁘다는 핑계로, 또 아이를 셋씩이나 키운다는 핑계로, 어머니를 따로 뵙는 일이 매우 드물었다.

그날 밤, 나는 아내의 제안에 따라 어머니께 전화를 드렸다. 그러면서 함께 저녁도 먹고 영화도 보자고 데이트 신청을 했다.

"무슨 일 있니? 괜찮은 거야?"

오랜만의 뜬금없는 전화에 어머니는 걱정부터 앞서는 눈치였다. 많은 사람들이 으레 그렇지만, 어머니는 밤

늦게 걸려온 전화라든지 예고 없는 방문은 오히려 나쁜 징조로 여기셨다.

"아니에요. 그저 어머니와 데이트하고 싶어서 전화 드린 거예요. 어머니와 저 둘만의 시간이오."

내 대답을 듣고서야, 어머니는 잠시 뜸을 들이다 말씀하셨다.

"그럼, 나야 좋고말고."

금요일 퇴근 후 어머니를 모시러 갔다. 왠지 살짝 긴장되는 맘이 들었다. 집 앞에 도착했을 때, 어머니 역시 데이트를 앞두고 다소 들뜬 모습으로 나를 기다리고 계셨다. 머리에 살짝 웨이브를 넣고, 마지막 결혼 기념일에 입은 드레스를 곱게 차려입고 계셨다. 어머니께서 웃는 모습이 천사처럼 환했다.

"내 친구들한테 아들이랑 데이트한다고 자랑했더니 다들 부러워하더구나."

어머니는 차에 타면서 들뜬 목소리로 이야기하셨다.

"내가 너랑 만나 뭘 했는지 빨리 이야기해 달라고 야단들이야."

우리는 최고급은 아니어도 상당히 편안하고 분위기

좋은 식당에 들어갔다. 어머니는 마치 영부인이라도 된 듯 내 팔짱을 끼셨다. 자리에 앉자, 어머니께 메뉴를 읽어드렸다. 어머니는 노안이라서 큰 글씨만 겨우 읽을 수 있기 때문이었다. 메뉴의 절반 정도를 읽다가 눈을 들어보니, 어머니는 나를 지긋이 바라보고 계셨다. 옛날을 떠올리시는 듯, 입가에 아련한 미소를 머금고 계셨다.

"우리 아들이 어렸을 적에는 내가 메뉴를 읽어 줬었는데..."

"이제는 편히 계세요. 지금까지 어머니께서 제게 해주신 것을 돌려드릴게요."

저녁 식사를 하는 내내, 우리는 참으로 정다운 대화를 나누었다. 별다른 내용은 아니었지만, 각자의 일상에서 일어났던 시시콜콜한 일들을 이야기하며 밥을 먹었다. 결국 수다 삼매경에 빠져, 영화는 보러 가지도 못했다.

데이트를 마치고 집에 돌아왔을 때 어머니께서 말씀하였다.

"우리 다음에도 이런 시간을 갖자꾸나. 내가 데이트 신청해도 괜찮다면."

나는 물론 그러겠노라 대답하였다.

집에 돌아오니 아내가 물었다.

"저녁 식사는 어땠어요?"

"글쎄, 정말로 행복한 시간이었어. 기대했던 것 이상으로 말이야."

나는 웃음 지으며 대답했다.

며칠 후, 어머니는 심장마비로 세상을 떠나셨다.

너무나 급작스레 일어난 일이라, 어머니를 위해 내가 해드릴 수 있는 일이 아무 것도 없었다.

어머니 장례를 치른 지 며칠 지난 어느 날이었다.

어머니께서 돌아가시기 전에 함께 식사했던 식당에서 보낸 우편물을 받게 되었다. 봉투 안에는 영수증과 편지가 들어 있었다. 편지에는 이렇게 씌어 있었다.

"아들아, 내가 미리 지불을 해놓았다. 그때도 내가 여기에 있을지는 모르겠네. 어쨌든 나는 두 사람이 식사할 수 있는 비용을 계산해 두었단다. 한 명은 우리 아들, 한 명은 우리 며느리를 위해. 아들! 너는 지난번 우리 둘이 함께했던 저녁 식사가 나에게 어떤 의미였는지 잘 모를 거야. 언제나 사랑한다, 우리 아들."

그 순간 나는 '사랑한다'는 말을 제때 하는 것이 얼마나

중요한지 다시금 깨달았다. 인생에서 가족보다 소중한
것이 또 있을까. 이 세상에는 '다음'까지 미뤄서는 안되는
말, 미뤄서는 안되는 일이란 게 있다.

어머니의 긴 머리

갓난아기를 갓 출산한 엄마는 너무도 행복했다. 어서 아기를 안아보고 싶은 마음뿐이었다.

"우리 아기를 빨리 보고 싶어요."

여인의 말에 간호사가 천으로 감싼 아기를 건넸다. 작디작은 아기의 얼굴을 마주한 순간, 그녀는 놀라 숨을 멈추었다. 담당 의사도 황급히 고개를 돌리고 애꿎은 병원 창문만 바라보았다.

아이는 귀가 없는 채로 태어났다. 천만다행으로 청력 자체에는 이상이 없었다. 단지 외모가 조금 남다를 뿐이었다. 언젠가는 아이가 학교에서 속상한 일이 있었는지, 집에 돌아오자마자 엄마 품에 와락 안겼다. 자라면서 이런 일이 무수히 반복될 것이란 걸 알기에, 어머니는 한숨이 앞섰다.

아이는 밖에서 겪은 끔찍한 일들을 무심하게 이야기하곤 했다.

"어떤 아이가 날더러 괴물이라고 했어."

그래도 아이는 무럭무럭 커 갔다. 준수한 얼굴이 외려 더 가슴 아팠다. 귀 없이 태어난 외모만 아니었다면, 아마 학급 회장으로 출마해 당선되었을지도 모를 일이다. 아이는 문학과 음악에 남다른 재능이 있었다.

　"다른 사람들과 어울려 살아가는 법을 익혀야 한단다."

　단호하게 말하는 어머니의 말 속에는 누구보다도 아들을 사랑하는 깊은 애정이 담겨 있었다. 어머니는 아이가 외골수로 빠지지 않기를 바랐다.

　한편, 아이의 아버지는 치료 방법을 백방으로 알아보았다.

　"누군가 귀를 기증해 주기만 한다면, 양쪽 모두 이식할 수 있을 겁니다."

　주치의의 귀띔에서 가족은 희망을 발견하였다. 그런 도움을 줄 사람이 쉽게 나타날 리 없겠지만, 그래도 기증자를 찾기 시작했다. 그렇게 두 해가 흘렀다.

　"애야, 병원에 가보자. 엄마와 아빠가 너한테 귀를 기증해 줄 분을 찾았다. 그게 누군지는 비밀이란다."

　다행히 수술은 아주 성공적이었다. 아이는 마치 새 사람으로 거듭난 것 같았다. 아이의 재능은 비약적으로 발전했고, 학창 시절 내내 일등을 도맡았다. 아이는 잘 자라서 결혼도 하고, 외교부에서 일하게 되었다. 성인이 된 아들은 종종 자신에게 양쪽 귀를 기증해 준 사람이 누군지 묻곤 했다. 어떻게든 고마움을 표하고 싶었기 때문이다.

"아직은... 아직은 네게 말해 줄 수 없단다. 기증자와의 약속 때문이다."

아버지는 같은 말만 되풀이했다. 그렇게 또 몇 년간 기증자는 비밀에 싸여 있었다.

마침내 진실이 밝혀졌다. 아들은 인생에서 가장 힘든 나날을 보내야 했다. 슬픔에 잠긴 아들은 아버지와 함께 어머니의 관 옆에 서 있었다.

아버지는 천천히, 조심스레 손을 뻗어 숱이 많은 어머니의 적갈색 머리카락을 들어올렸다. 놀랍게도, 어머니에게는 귀가 보이지 않았다.

"엄마는 늘 긴 머리가 좋다고 하셨죠. 긴 머리를 한 어머니가 전보다 덜 아름답다고 하는 사람은 아무도 없었어요."

아들은 울음을 삼키며 부드럽게 속삭였다.

인형

크리스마스 전날이었다. 아직 미처 사지 못한 선물을 사러 서둘러 슈퍼마켓에 갔다. 어찌나 사람들로 붐비는지 절로 불평이 터져나왔다.

'한나절은 걸리겠군. 볼일도 많은데.'

'크리스마스가 점점 짜증만 불러 오네. 드러누워 잠이나 실컷 잘 수 있었으면...'

장난감 진열대부터 찾았다. 맞춤한 선물을 골라야 했다. 가격표를 들여다본 나는 한숨부터 나왔다. 아이들이 정말 이렇게 비싼 장난감을 갖고 논단 말이야 하고 새삼 놀랐다.

그때 한 아이가 눈에 띄었다. 다섯 살 가량 되는 꼬마였다. 아이는 인형을 가슴에 꼭 껴안고 있었다. 손으로는 인형의 머리를 쓰다듬고 있었는데, 모습이 참 슬퍼 보였다. 누구에게 주려는 인형인지 몹시 궁금했다.

아이는 옆에 서 있는 중년부인에게 돌아서며 말했다.

"할머니, 정말 돈이 모자라요?"

부인이 대답했다.

"애야, 이 인형을 사기에는 돈이 부족하다는 걸 너도 알고 있잖니."

그러면서 부인은 한바퀴 둘러볼 테니 아이에게 잠깐 기다리라고 말했다. 부인은 급히 자리를 떴다. 아이는 미련을 버리지 못한 채 인형을 꼭 쥐고 있었다.

나는 호기심을 이기지 못하고 아이에게 다가가 인형을 누구에게 주려고 하는지 물었다.

"이 인형은 제 동생이 제일 좋아하는 거예요. 크리스마스 때 꼭 받고 싶다고 했어요. 산타 할아버지께서 선물로 주실 거라면서요."

나는 아이에게 산타 할아버지가 동생한테 선물을 주실 테니 걱정하지 말라고 타일렀다. 그러나 아이는 슬픈 목소리로 말했다.

"안돼요. 제 동생은 산타 할아버지가 가실 수 없는 곳에 있는 걸요. 이 인형을 엄마한테 줄 거예요. 그러면 엄마가 거기 가서 동생에게 전해 줄 거예요."

이렇게 말하는 아이의 눈은 무척이나 슬퍼 보였다.

"제 동생은 지금 하늘나라에 있어요. 아빠가 그러는데

엄마도 곧 거기로 떠날 거래요. 그래서 이 인형을 엄마가
동생에게 전해 줄 거라고 생각했어요."

너무도 엄청난 이야기에 나는 심장이 멎을 것 같았다.
소년은 나를 올려다보며 이야기했다.

"엄마한테 아직 떠나지 말라고 부탁하고 왔어요. 제가
선물을 사서 돌아갈 때까지 기다리라고요."

그리고 아이는 나에게 사진을 한 장 보여주었다. 아이
자신의 사진이었다. 사진 속의 아이는 눈부시게 웃고
있었다.

"엄마가 이 사진도 가져갔으면 좋겠어요. 동생이 저를
잊지 않게요. 저는 엄마를 사랑해요. 엄마가 가지 않았
으면 좋겠어요. 그렇지만 아빠는 동생을 위해서 엄마가
거기 가야만 한대요."

그리고 나서 아이는 손에 쥔 인형을 슬픈 눈으로 바라
보았다.

나는 얼른 지갑을 꺼내면서 말했다.

"우리 다시 세어볼까? 혹시 인형을 살 만한 돈이 될지도
모르잖니?"

"좋아요. 그러면 좋겠어요."

아이가 딴 곳을 보는 사이에 얼른 돈을 몇 장 더 내려 놓았다. 그러고는 아무 일도 없었던 것처럼 아이와 함께 돈을 셌다. 돈은 인형을 사고 약간 남을 정도로 충분했다.

아이는 환한 얼굴로 나를 쳐다보았다.

"지난 밤 잠들기 전에 인형을 살 수 있게 해달라고 기도 했어요. 엄마를 위해 장미를 살 돈도 부탁하고 싶었는데 참았어요. 너무 욕심을 부리는 것 같아서요. 우리 엄마가 하얀 장미를 정말 좋아하거든요."

아이의 할머니가 돌아오는 걸 보고, 나는 슬그머니 자리 를 떴다.

쇼핑을 마칠 때의 내 심정은 시작할 때와는 완전히 달라져 있었다. 집에 돌아와서도 아이 생각이 지워지지 않았다.

갑자기 이틀 전에 지역 신문에서 본 기사가 떠올랐다. 한 남성이 술에 취해 트럭을 몰다가 젊은 부인과 여자 아이가 탄 차를 들이 받았는데, 아이는 그 자리에서 숨을 거두고 부인은 의식불명에 빠졌다는 내용이었다. 혹시 그 아이의 가족 이야기 아닐까?

아이를 만난 지 이틀이 지났다. 신문에서 그 젊은 부인이 세상을 떠났다는 소식을 읽었다.

나는 도저히 가만히 있을 수 없어서 흰 장미 한 다발을 들고 장례식장을 찾았다. 관 속에 누워 있는 여인은 아름다운 흰 장미 한 송이와 아들의 사진을 든 채, 가슴에는 인형을 안고 있었다.

나는 눈물을 머금고 장례식장을 떠났다. 내 인생이 완전히 달라진 것 같았다. 어머니와 동생을 생각하는 그 어린 아이의 애틋한 사랑은 지금까지도 내 가슴을 울린다.

> － 이 글은 세상에 널리 알릴 것을 당부하는 요청과 함께 수백만 명의 사람들에게 이메일로 우송되었다.

기도하는 손

　15세기 독일 뉘른베르크 근처의 아주 작은 마을에 아이가 열여덟인 가족이 살았다. 자그마치 열여덟! 금 세공사로 일하는 이 대가족의 가장은 가족을 먹여 살리기 위해 하루에 거의 열여덟 시간을 일했다. 돈벌이만 된다면 작은 허드렛일이라도 찾아야만 했다.

　이렇게 곤궁한 형편임에도, 이 집의 두 아들 알브레히트와 알베르트 형제에게는 남다른 꿈이 있었다. 그들은 둘 다 그림 솜씨가 뛰어났다. 두 형제는 화가가 되기 위해 뉘른베르크로 미술 유학을 가고 싶었다.

　하지만 집안 형편상 둘이 함께 갈 수는 없었다. 밤새도록 장래에 대해 진지한 이야기를 나눈 끝에, 형제는 마침내 합의점을 찾아냈다. 한 사람은 인근 광산에 들어가 돈을 벌고, 한 사람은 미술 유학을 가기로 한 것이다. 4년간의 뒷바라지가 끝나면 학교를 마친 사람이 광산에서 일한 형제를 돕기로 했다. 먼저 학교에 들어가 미술을 배운 사람의 작품을 팔 수도 있고, 만일 그것이 여의치 않으면 학교를 마친 후 광산에 들어가 일하는 방법도 있으리라 생각했다.

동전을 던져 누가 먼저 유학 갈지 결정하기로 했다. 둘은 자신들의 미래를 걸고 동전을 던졌다. 내기에서 이긴 알브레히트가 먼저 뉘른베르크에 있는 미술학교로 가게 되었다. 알브레히트가 본격적으로 미술을 공부하는 동안 알베르트는 광산에 들어가 고된 노동에 종사하며 학비를 댔다.

알브레히트는 학교에 들어가자마자 화가로서 호평을 얻게 되었다. 알브레히트 뒤러의 에칭과 목판화, 유화 작품은 그를 지도하던 교수들을 능가하는 수준에 이르렀고, 졸업 무렵에는 미술작품을 의뢰받아 상당한 돈을 벌기 시작했다.

젊은 예술가가 금의환향하게 되자, 가족이 한데 모여 알브레히트의 성공을 축하하는 잔치를 열었다. 음악과 떠들썩한 웃음소리가 가득한 행복한 시간이었다. 분위기가 한창 무르익을 때 이 날의 주인공인 알브레히트가 자리에서 일어났다. 그는 자신을 위해 희생한 동생에게 축배를 제의하며 말했다.

"그동안 광산에서 고생한 내 동생 알베르트, 이제 네 차례가 되었어. 네 꿈을 펼치기 위해 뉘른베르크로 가렴. 이제는 내가 너를 도울 테니."

모든 사람이 고개를 돌려 테이블 끝에 앉아 있던 알베르트를 기대 어린 시선으로 바라보았다. 알베르트의 창백한 얼굴 위로 눈물이 흘렀다. 그는 머리를 저으며 흐느끼는 목소리로 되뇌었다.

"아니야... 아니야... 아니... 아니."

마침내 알베르트가 일어나 뺨에 흐르는 눈물을 훔쳤다. 그는 테이블 주위에 앉아 있는 사랑하는 사람들의 얼굴을 둘러보았다. 그리고 오른뺨에 자신의 손을 가까이 대며 나직하게 말했다.

"아니야. 나는 이제 뉘른베르크로 갈 수 없어. 이미 너무 늦어버렸어. 봐... 지난 4년 동안 광산에서 일하느라 손이 이렇게 망가져 버렸는걸! 손가락 마디마디가 최소 한 번씩은 부러졌어. 최근에는 오른손 관절염이 심해져서, 오늘같이 기쁜 날 유리잔을 들어올리기조차 힘들어. 캔버스나 양피지 위에 펜과 붓으로 섬세한 선을 그리기에는 역부족이야. 그러니... 이제 나는... 너무 늦었어."

그로부터 5백 년 이상의 세월이 흘렀다. 알브레히트 뒤러가 남긴 수백 점이 넘는 초상화, 펜과 은침으로 그린 스케치, 수채화, 석판화, 동판화는 전 세계 유명 미술관에 소장되어 있다. 그런데 이처럼 수많은 작품 가운데 유독 사람들의 사랑을 듬뿍 받는 특별한 작품이 한 점 있다.

알브레히트는 동생의 숭고한 희생을 기릴 방법을 고민하다 그의 망가진 손을 그리기로 결심했다. 하늘을 향해 손바닥을 마주한 가느다란 손가락을 사실적으로 담아낸 이 강렬한 작품에 뒤러는 〈손〉이라는 단순한 제목을 달았다. 전 세계는 이 위대한 작품에 진심으로 환호하였고, 〈기도하는 손〉이라 불리며 지금까지 널리 사랑받고 있다.

-'독일 미술의 아버지'로 불리는 뒤러는
르네상스기 북유럽 인문주의의 중심지인
뉘른베르크를 무대로 활동했다.
뒤러의 가족은 부유했기 때문에,
이 이야기는 〈기도하는 손〉의 유명세에 곁들여진
전설의 하나라고 할 수 있다.

사랑보다
깊은 우정

벗이 되는 데는 위대한 영혼이 필요하다.
시간, 보살핌, 용기, 인내, 사랑이 따라야 한다.
때로는 벗을 위해 우리 삶의 일부를 포기해야 한다.
자기 희생이 없는 진실한 우정은 없다.

코끼리와 개

개 한 마리가 왕이 키우는 코끼리 축사에 놀러 갔다. 처음에는 그저 코끼리가 먹고 남긴 음식을 얻어먹기 위해서였다. 하루 이틀, 코끼리가 남긴 음식을 얻어먹으며 개와 코끼리는 친분을 쌓아갔다. 코끼리는 아예 자기가 먹을 음식을 개에게 나누어주었다. 코끼리가 잠이 들면 개도 그 옆에 누워 함께 잠을 잤다. 심심할 때면 코끼리는 자신의 긴 코에 개를 태우고 앞뒤로 흔들며 장난을 치기도 했다. 그렇게 둘은 서로가 없이는 못 살 정도로 친한 친구가 되었다.

개를 눈여겨본 한 농부가 어느 날 코끼리를 지키는 축사지기에게 말했다.

"내가 저 개를 사겠소. 성미도 온순하고, 꽤 영리해 보이는군요. 얼마면 되겠소?"

축사지기는 개가 지금 어떻게 지내고 있는지 따위는 안중에도 없었다. 그저 돈푼이나 챙길 욕심뿐이었다. 적당한 가격에 거래가 성사되자, 농부는 개를 데리고 멀리

가버렸다.

개가 사라진 다음날부터 코끼리는 친구를 그리워하며 음식도 입에 대지 않고 씻지도 않으려 했다. 그 다음날도 마찬가지였다. 며칠이 지나자 식음을 전폐한 코끼리의 소식이 왕의 귀에도 들어가게 되었다.

왕이 시종을 보내 도대체 코끼리가 왜 그런 행동을 보이는지 알아보라고 했다. 시종은 축사에 가서 코끼리를 자세히 살펴보았다. 그리고 축사지기에게 물었다.

"코끼리의 건강 자체는 별 문제가 없어 보이네만, 표정이 왜 이리 슬퍼 보이는가? 같이 놀던 동무라도 사라진 것인가?"

"그렇습니다."

축사지기는 대답했다.

"늘 코끼리와 함께 놀고 자고 먹던 개가 한 마리 있었는데, 사흘 전에 다른 곳으로 가버렸습니다."

"지금 그 개는 어디에 있소?"

"글쎄요. 잘 모르겠습니다."

시종은 궁으로 돌아가 왕에게 보고했다

"코끼리는 아픈 것이 아닙니다. 다만 그의 친한 동무인

개가 없어져 상심하고 있을 뿐입니다."

"개는 어디로 갔다고 하오?"

왕이 물었다.

"한 농부가 개를 데려갔다고 합니다. 농부가 어디 사는 지는 모른다고 합니다."

시종의 대답에 왕은 이렇게 명령했다.

"개를 데리고 간 사람이 누구인지 알아보고, 그 개를 다시 데려오도록 전국에 방을 붙이시오. 개를 돌려주면 보상금을 지급한다고 하시오."

개를 데려간 농부에게까지 이 소식이 전해졌다. 그는 왕의 명령에 따라 개를 돌려주었다.

개는 코끼리가 있는 축사를 향해 있는 힘껏 달려갔다. 코끼리는 친구를 보자 반가워 어쩔 줄을 몰랐다. 너무 기쁜 나머지 코로 개를 들어 자신의 머리에 태웠다가 내려 놓았다.

축사지기가 음식을 가져왔다. 코끼리는 개가 먹는 모습 을 지켜본 후에야 비로소 음식을 입에 대기 시작했다.

그후 코끼리와 개는 평생을 함께 지냈다.

– 《자카타 이야기》에서

꼽추 삼촌

한 무리의 소년들이 왁자하게 떠들며 집으로 가고 있었다. 소년들은 새로 결성한 야구단 단원들이었다. 팀의 첫 번째 오후 연습을 막 끝마치고, 운동장을 빠져나온 참이었다.

찰스 핸포드는 소년들의 대장이었다. 그가 갑자기 가던 걸음을 멈춰섰다. 그를 따라 걷던 세 소년도 걸음을 멈추었다.

"아까 그 문제에 대해 좀더 이야기를 나눠봐야 할 것 같은데."

찰스가 말했다.

"어떤 선택을 해야 할지는 뻔해. 험피가 어떻다는 것은 아니야. 그는 좋은 친구야. 하지만 우리 팀은 품위를 지녀야 해. 꼽추가 우리 팀의 심판이란 걸 다른 팀에서 어떻게 생각할까?"

"맞아."

다른 소년들도 불만 섞인 목소리로 맞장구쳤다.

포수 글러브로 자신의 엉덩이를 툭 치며, 찰스는 눈썹

사이를 오므렸다. 열다섯 살 소년다운 짐짓 진지한 얼굴
이었다.

"너희도 알다시피 심판은 팀에서 굉장히 중요한 자리
잖아. 불구자가 스트라이크, 볼 또는 세이프, 아웃하고 판
정한다면, 사람들이 우리 팀을 우습게 생각하지 않을까?"

"그래, 그럴 거야."

소년들도 같은 생각이었다.

찰스는 다시 길을 따라 걷기 시작했다. 소년들도 보조
를 맞추어 걸었다.

"물론 험피가 착한 애라는 것은 인정해. 야구에 대해서
도 잘 알아. 불구자가 된 게 험피 잘못 아니라는 것도 알
아."

찰스는 목소리를 낮추며 말을 이었다.

"그래도 꼽추가 우리 팀의 심판이 되어서는 안된다고
생각해."

소년들도 문제의 중요성을 이해하였다. 버드가 단호한
어조로 찰스의 생각에 동의했다.

"맞는 말이야. 절대 안돼."

소년들의 발걸음은 찰스 아버지가 운영하는 포목점

앞에 다다랐다. 가게 문을 닫으려던 핸포드 씨는 소년들이 토론하는 소리를 들었다.

"험피는 공부는 잘하지만, 운동은 아니야."

프레드가 말했다.

"그리그 선생님이 험피한테 시합에서 빠지라고 말하지 않는 게 이상해."

빌이 맞장구쳤다.

"선생님은 공정하고 싶겠지."

찰스는 아버지의 존재를 의식하며 느리게 말했다.

"원래 험피처럼 불쌍한 애들한테 동정심을 갖는 법이잖아."

소년들은 손을 흔들어 작별인사를 나누었다. 찰스는 아버지를 향해 몸을 돌렸다.

그로부터 몇 주가 흘렀다. 삼촌이 찰스네 집에 와서 한 달간 머물 예정이라고 아버지가 들려주었다. 찰스는 기뻐서 어쩔 줄 몰랐다. 벤 삼촌은 동부 도시에 살았는데, 신문 칼럼니스트였다.

할머니가 가끔 칼럼 기사를 오려 모아 보내주었다. 아버지는 동생이 쓰는 칼럼을 매우 자랑스러워했다. 찰스는 삼촌을 본 적이 없었다. 하지만, 삼촌을 칭찬하는 많은 이야기를 들었고, 그래서 삼촌이 매우 위대한 인물일 것이라고 생각했다.

기차가 시골 작은 읍내로 들어오기 시작하자, 소년은 친구들의 무리에서 떨어져나와 승강장에서 기다리는 아버지 곁에 가 섰다. 친구들은 소년이 자신의 유명한 친척을 소개해 주겠다고 해서 역으로 달려온 것이었다.

승무원의 뒤를 따라 키 크고 멋진 옷을 차려입은 신사가 기차에서 내렸다. 신사의 모습을 본 소년의 마음은 흥분과 경외심에 휩싸였다. 그러나 이내 아연실색하고 말았다. 앞으로 뛰쳐나간 아버지가 그 신사에 뒤이어 계단을 내려오는 몹시 키가 작은 사람의 손을 잡는 게 아닌가? 회색 옷을 입은 그 사람은 온몸이 오그라든 모습이었다.

어깨 사이로 불룩 솟아 있는 등을 보고 찰스는 몸이 얼어붙는 듯했다. 곱사등이였다. 피가 얼굴로 확 몰려들었다가 천천히 빠져나갔다. 놀란 소년의 얼굴은 핼쑥해졌다. 절대 이 사람이 우리 삼촌일 리 없어!

그러나 아버지가 오래도록 애정어린 인사를 나누는

걸로 보아 의심의 여지가 없었다. 소년의 열정은 구겨지고 조각조각 찢겼다. 일순 변해 버린 무섭고 실망스러운 상황에 적응해야 했다.

그때 그 사람이 등을 돌렸다. 약간 회복된 소년은 자신의 눈을 들여다보는 큰 회색 눈을 마주하게 되었다. 그의 두 눈이 깊은 심연처럼 반짝였다. 알 수 없는 무언가에 이끌려 소년은 차츰 안정을 찾았다.

소년은 그의 눈에서 사람을 빨아들이는 매혹적인 힘을 발견했다. 지금까지 한번도 느껴보지 못한 것이었다. 그의 깊은 눈은 시작되는 지점도 끝나는 지점도 알 수 없었다. 오직 작은 불씨 같은 명징함이 살아 움직였다.

지금까지 소년은 누군가의 눈을 그렇게 깊이 들여다본 적이 없었다. 그가 만면에 웃음을 띠고 나서야 소년은 정신을 차렸다.

"그래, 네가 우리 찰스로구나."

따뜻하고 굵은 목소리였다.

큰 여행 가방 하나를 들고 찰스는 아버지를 따라 승용차로 갔다. 기차역 출입구 근처에 모여 있는 친구들을 볼 낯이 없었다. 소년들은 하나같이 놀란 표정으로 지켜보고 있었다. 삼촌을 소개시켜 주고 싶은 바람은 사라져버렸다. 승용차가 역사를 떠나갈 때, 수치심 같은 이상한 감정이 그의 마음을 옥죄어왔다.

집에 도착해서는 찰스의 어머니와 벤 삼촌이 대화를 주도하였다. 찰스는 풀이 죽어 침묵을 지켰다. 아버지는 알 수 없는 감상에 젖어 한동안 말이 없었다. 잠깐 동안 찰스는 아버지도 그 작고 구부정한 사람을 부끄러워하는 것은 아닌가 하고 생각했다. 그러나 삼촌을 바라보는 아버지의 눈길은 그윽하고 다정했다. 형이 동생한테 느끼는 그 무엇과도 견줄 수 없는 자부심이었다.

저녁 시간이 되자, 어머니는 손님 방의 잠자리를 봐주기 위해 이층으로 올라갔다. 아버지는 볼일을 보러 외출하였다. 벤 삼촌이 거실을 가로질러 찰스 곁에 와 앉았다. 삼촌은 한 손을 찰스의 무릎에 올려놓으며 말했다.

"얘야, 너를 실망시켜서 미안하구나. 오늘 삼촌 모습을 보고 많이 놀랐지?"

찰스는 얼굴이 후끈 달아올랐다. 부끄러운 마음에 그가 아니라고 입술을 떼려 하자, 삼촌은 머리를 흔들며 그의 말을 제지시켰다.

"찰스야, 나는 사람들의 얼굴 표정을 읽으며 살아 왔단다. 나를 한번도 본 적 없는 사람들의 얼굴에서 실망하는 표정을 보곤 했지. 그러나 나는 더 이상 상처받지 않는단다. 내 등의 큰 혹만큼이나 한때 내 가슴속에 분노와 슬픔이 꽉 차 있었다고 하면 믿겠니? 혹은 여전히 남아 있지만, 가슴속의 고통은 점차 사라졌단다. 굳세고 멋진 내 젊은 조카가 꼽추인 나를 받아들여준다면, 이제는 그 어떤 것도 내게 상처를 줄 수는 없을 거야."

찰스는 또래에 비해 키가 크고 기운이 넘쳤다. 하지만, 아직 어린아이 단계를 벗어난 지 얼마 되지 않았다. 그는 어린아이처럼 울음을 터뜨렸다. 왜 울었는지 그는 모른다. 동정심 때문이었는지, 갑작스러운 감격 때문이었는지, 혹은 희망이 부서진 실망감 때문이었는지. 그러나 그의 억눌린 감정은 울음 속에서 피난처를 찾고, 위안을 발견하였다. 그는 삼촌의 손 위에 자신의 손을 포개 얹으며 꼭 쥐었다.

삼촌은 말을 이었다.

"내가 어릴 때는 참 힘들었단다. 어린 친구들은 나처럼 불행한 사람의 감정을 잘 이해하지 못해. 내 대신

네 아버지가 오랫동안 힘든 싸움을 해오셨지. 동료들의 조롱은 나보다 네 아버지께 더 큰 상처를 주었을 거야."

삼촌이 잠깐 생각에 잠겨 말을 멈춘 사이, 찰스가 가까스로 입을 열었다.

"삼촌, 제가 참 부끄러워요."

"이해한다."

삼촌이 재빨리 대답했다.

"이런 이야기를 하는 것은 너를 실망시켜서 미안하기 때문이란다. 내가 도착하기를 네가 얼마나 학수고대했는지 네 아버지께서 말씀해 주시더구나. 네 아버지는 많은 생각 끝에 나의 불행을 네게 이야기해 주지 않는 게 좋겠다고 생각하셨겠지."

찰스는 경탄스런 눈빛으로 삼촌을 바라보았다. 벤 삼촌은 말을 계속했다.

"찰스야, 그렇지만 우리 서로 친구가 될 수 있으면 좋겠다. 우리 동네에 사는 많은 젊은 친구들이 나와 친구 사이란다. 내 몸의 모습이 내 인생의 모습을 결정하게 하지는 않으리라고 오래 전에 나는 결심했지. 나의 골격은 아주 심하게 뒤틀려 있지만, 그것이 내 내면을 기괴하고 보잘것없게 만들고 싶지는 않았어. 다행히도 우리의 마음에는 뼈가 없으니, 꼬이거나 부러질 일도 없지."

어머니가 이층에서 내려왔다. 벤 삼촌은 자리에서 일어났다. 그리고 웃으며 말했다.

"자, 이제 낼 아침에 보자꾸나."

자리에 누운 지 한참이 지났건만, 찰스는 잠을 이룰 수 없었다. 온갖 생각이 주마등처럼 스쳐 지나갔다. 밤새 그는 다음날 아침에 친구들의 얼굴을 어떻게 대해야 할지 생각했다. 그동안 얼마나 삼촌을 자랑해 왔던가. 삼촌이 쓴 칼럼 기사를 가지고 가서 얼마나 폼을 잡으며 읽어 주었던가. 마치 그 발랄한 문장 속에 담긴 모든 의미 를 다 이해한다는 듯이.

그리고 심한 수치감 속에서, 지난 가을에 전학온 험피를 떠올렸다. 자신의 행동이 그 어린 척추 장애인에게 얼마나 잔인한 짓이었을지 후회가 밀려왔다. 일부러 해코지하거나 놀린 일은 결코 없었다. 그러나 험피가 다른 세계에서 살아가는 것을 너무나도 당연스러운 일로 여겼다.

험피가 느꼈을 가슴아린 고통이 자신에게 닥쳐오리라고는 한번도 생각하지 못했다. 가족 가운데 불구자가 있을 때는 사람들이 정말 다르게 처신한다는 생각이 들었다. 또 장애인의 세계를 얼마나 잘 이해하게 되는가!

가슴속에 이런 새로운 생각이 떠오르자, 소년은 어서 아침이 오기를 기다렸다. 새로운 마음, 새로운 용기를 갖고 친구들을 만나리라. 지금까지 벤 삼촌에 대해 생각해 온 것처럼, 여전히 삼촌을 자랑스러워한다는 것을 보여줄 것이다. 그리고 아마도 험피를 야구단의 심판으로 받아줄 수 있겠지. 골격은 보통사람과 달라도 야구 규칙에 관한 한, 그는 모르는 게 없으니. 그는 멋진 심판이 될 거야.

그리고, 그는 그렇게 했다.

- 조세핀 페릴

머리를 민 딸

"언제까지 신문만 보고 있을 거예요? 와서 애 밥 좀 먹여요."

아내의 부름에 나는 신문을 팽개치고 부엌으로 달려 갔다. 딸아이 제인은 큰 눈에 눈물을 가득 담고는 두려움에 떨고 있었다. 아이 앞에는 삶은 야채가 가득 담긴 그릇이 놓여 있었다. 또래에 비해 총명한 제인은 착한 아이였다.

나는 헛기침을 하고는 그릇을 들었다.

"우리 강아지, 몇 입만 먹어보자. 아빠를 위해서, 응?"

제인은 마음이 조금 풀렸는지, 손등으로 눈물을 훔치고는 말했다.

"알겠어요, 아빠. 먹을게요. 몇 입만 말고 전부 다. 그렇지만 저…"

제인은 망설였다.

"아빠, 만약에 내가 이거 다 먹으면, 제가 부탁하는 거 들어주실 거예요?"

"약속할게."

나는 딸아이에게 새끼손가락을 내밀며 약속했다. 조금 불안한 생각이 들었다.

"제인아, 컴퓨터 같은 비싼 걸 사달라고 고집부리면 안된다. 지금은 그런 여유가 없거든. 알았지?"

"아니에요, 아빠. 비싼 걸 원하는 게 아니에요."

천천히, 그리고 고통스럽게 아이는 야채를 전부 먹어치웠다. 그토록 싫어하는 걸 아이에게 억지로 먹이려는 아내에게 조금 화가 났다.

밥을 다 먹은 다음 제인은 두 눈 가득 기대를 담고서 내게 다가왔다.

"아빠, 나 머리를 싹 밀고 싶어요. 이번 일요일에."

그것이 아이의 요구였다.

"말도 안돼! 여자애가 머리를 민다고? 그럴 순 없어!"

아내가 외쳤다.

"제인아, 다른 부탁을 하면 안되겠니? 네 빡빡 민 머리를 보면 우린 무척 슬플 거야. 제발, 제인. 우리 마음을 좀 이해해 줘."

나는 제인을 설득하려 했다.

"아빠, 제가 얼마나 힘들게 야채를 먹는지 보셨잖아요."

제인의 눈에 다시 눈물이 고였다.

"그리고 저한테 뭐든지 들어준다고 약속하셨으면서, 이제 와서 안된다고요? 약속을 소중히 여겨야 한다고 얘기한 게 누군데!"

결정을 내려야 할 순간이었다.

"그래, 약속은 반드시 지켜야지."

"당신 미쳤어요?"

아내가 소리쳤다.

"아니. 만약 내가 약속을 어긴다면, 제인은 절대로 약속의 소중함을 알지 못할 거야. 그래 제인, 네 소원을 들어주마."

머리를 빡빡 민 제인의 동그란 얼굴은 큰 눈이 돋보여 더욱 아름다웠다.

월요일 아침, 나는 아이를 학교에 데려다주었다. 햇빛이 반사될 정도로 매끈한 머리통을 자랑하며 교문 안으로 들어가는 모습이 참으로 볼 만했다. 제인은 나를 돌아보며 손을 흔들었다. 나도 미소를 지으며 손을 흔들었다. 그때였다. 남자 아이 하나가 차에서 내리더니 큰 소리로 제인을 불렀다.

"제인, 기다려! 나랑 같이 가!"

나는 놀라지 않을 수 없었다. 그 아이도 머리카락 한 올 없었던 것이다.

'흠. 이것 때문인가?' 나는 생각했다.

"정말 훌륭한 따님을 두셨어요!"

자신을 소개하는 것도 잊은 채, 차에서 내린 여성이 내게 말을 걸었다.

"따님과 함께 걸어가고 있는 아이는 제 아들 데이비드 예요. 백혈병에 걸렸지요."

그녀는 흐느낌을 숨기기 위해 잠시 말을 멈추었다.

"데이비드는 지난달 내내 학교에 나오지 못했어요. 화학 치료의 부작용으로 머리가 다 빠졌거든요. 아이들이 심하게 놀릴까 두려워 학교에 가지 않겠다고 하더군요. 제인이 지난 주에 놀러 와서는 아이들이 절대 놀리지 못하게 할 거라고 약속했어요. 그렇지만 제인이 우리 아이를 위해서 자기 머리도 빡빡 밀 줄은 상상도 못했네요. 얼마나 고운 마음씨예요? 딸이 참 자랑스러우시겠어요."

나는 한동안 그 자리에 얼어붙어 있었다. 갑자기 눈물이 났다.

친구 많은 토끼

토끼는 숲속에서 인기가 아주 많았다. 모든 동물들이 서로 토끼의 친구라고 수상하였다.

어느 날, 토끼는 흉흉한 소문을 들었다. 사냥개들이 숲으로 사냥을 나왔다는 이야기였다. 그렇지만 크게 걱정하지는 않았다. 친구들이 도와줄 것이기 때문이었다.

토끼는 말한테 달려갔다. 그리고 말등에 태워 도망가게 도와달라고 부탁했다. 말은 주인이 시킨 일을 해야 한다며 거절했다. 말은 다른 친구들이 토끼를 도우러 올 것이라고 믿었다.

토끼는 황소한테 가서 말했다.

"황소야, 사냥개들이 나를 잡으려고 해. 네 뿔로 사냥개들을 물리쳐주렴."

"정말 미안해. 암소하고 데이트 약속이 있거든. 우리 친구인 염소가 너를 도울 수 있을 거야."

황소가 대답했다.

그렇지만 염소 역시 곤란한 표정을 지었다. 자신의 등에

탔다가 상처를 입을지 모른다는 이유였다.

토끼는 양이야말로 도움을 요청하기에 적절한 친구라고 생각했다. 그래서 양한테 가서 사정을 말했다.

"다음 번에 도와줄게, 친구야. 사냥개는 토끼뿐만 아니라 양도 잡아먹는다더라. 이번 일에는 개입하고 싶지 않아."

양이 대답하였다.

토끼는 마지막 희망을 갖고 송아지한테 부탁해 보았다. 송아지는 토끼를 도울 수 있는 처지가 아니라며 유감을 표했다. 자신보다 나이 많은 동물들이 모두 거절한 일을 자신이 책임지고 싶지는 않다는 것이었다.

그러는 사이에 사냥개는 아주 가까이까지 다가왔다. 토끼는 꽁무니가 빠지게 도망쳤다. 토끼가 가까스로 탈출에 성공한 것은 순전히 운이었다.

- 이솝

다몬과 피티아스

  기원전 4세기경, 지금의 시칠리아 섬에 위치한 시라
쿠사는 그리스 인들이 건설한 식민도시였다. 그곳에 친
형제처럼 우정이 남다른 다몬과 피티아스가 살고 있었다.

  어느 날 피티아스가 감옥에 갇히게 되었다. 통치자인
디오니시우스의 폭정에 반대하는 발언을 했다는 이유
였다.

  디오니시우스는 피티아스에게 자신의 말을 취소할
것을 요구했다. 하지만 피티아스는 자신의 견해를 굽히지
않았다. 분노한 디오니시우스는 피티아스를 교수형에
처할 것을 명령했다.

  "너는 반역을 꾀하고 있다. 따끔한 맛을 봐야 정신을
차리지. 마지막으로 할 말이 있느냐?"

  피티아스는 의연하게 말했다.

  "죽는 것은 두렵지 않으나, 한 가지 청이 있습니다.
고향에 계신 부모님과 식구들에게 작별인사를 나눌 기회
를 주십시오."

디오니시우스는 얼토당토않은 청이라며 비웃었다.

"내가 그리 어리숙해 보이느냐? 도망치겠다는 심산이구나."

"왕이시여, 사흘 안에 반드시 돌아오겠습니다. 맹세하겠습니다."

그러나 디오니시우스는 피티아스의 말을 믿을 수 없다며 거절했다.

자초지종을 들은 다몬은 디오니시우스를 찾아갔다.

"제가 그의 맹세가 되겠습니다. 제가 보증할 테니 피티아스를 고향에 다녀오도록 해주십시오. 그가 돌아올 때까지 제가 감옥에 있겠습니다."

디오니시우스는 다몬의 제안에 깜짝 놀랐다. 젊은이의 용기가 가상하면서도 어리석기 짝이 없다는 생각이 들었다.

"그가 돌아오지 않으면 어찌 하겠느냐?"

"만일 피티아스가 돌아오지 않으면, 제가 대신 형을 받겠습니다."

"뻔히 죽을 줄 알면서도 피티아스가 돌아온다고? 허튼 만용을 부리지 말라."

"그는 제 친구입니다. 그리고 약속을 어긴 적이 없습니다."

다몬은 거듭 간청했다. 디오니시우스는 쓸데없는 짓이라는 생각을 하면서도 어찌 되는지 보자는 심산으로 그의 청을 들어주었다.

피티아스는 사흘 말미로 고향에 다녀올 수 있게 되었다. 대신 다몬이 옥에 갇혔다.

운명의 날이 밝았다. 그러나 피티아스는 모습을 보이지 않았다. 약속대로 다몬이 교수형을 당할 상황이었다. 다몬이 단두대 앞으로 끌려나왔다. 몰려든 구경꾼들은 친구 때문에 죽게 된 다몬을 조롱했다.

형장 앞에 마련된 자리에는 디오니시우스가 거드름을 피우며 앉아 있었다.

"아직도 네 친구를 믿느냐?"

"물론입니다. 그가 돌아오지 못한 데는 분명 무슨 곡절이 있을 것입니다. 제 친구를 사랑하기 때문에, 그를 위해 죽는 것이 전혀 슬프지 않습니다."

다몬의 당당한 태도에 디오니시우스와 구경꾼들은 압도되었다. 한동안 침묵이 흘렀다. 디오니시우스가 손을 치켜들었다. 형을 집행하라는 신호였다. 형 집행관이 다몬의 목에 밧줄을 걸었다.

그때였다. 피티아스가 멀리서 달려오는 것이 보였다. 달려오면서 그는 소리쳤다.

"멈추시오. 내가 돌아왔소."

휘청거리며 형장으로 달려들어온 피티아스는 몸을 가눌 힘조차 없어 보였다. 얼굴은 피곤에 지쳐 일그러져 있었으며, 온몸은 멍 투성이였다.

"미안하네. 오는 길에 풍랑으로 배가 난파한데다, 강도까지 만났다네. 그 바람에 이제야 올 수 있었네. 자네가 무사해서 다행이야. 저 세상에 가서도 자네를 잊지 않겠네."

피티아스는 다몬을 끌어안고 감사와 작별의 인사를 나누었다. 그리고 형 집행관에게 몸을 맡겼다.

다몬은 뜨거운 눈물을 흘렸다. 구사일생으로 살아난 기쁨보다 친구를 잃는 슬픔에 목이 메었다.

"피티아스, 잘 가게. 자네가 조금 먼저 가는 것뿐이네. 저 세상에서 보세나."

디오니시우스는 피티아스가 돌아온 것을 보고 깜짝 놀랐다. 그리고 그들의 깊은 우정에 크게 감명받았다. 아무리 폭군이라도 아름다움과 선함을 못 볼 수는 없었던 것이다. 자리에서 천천히 일어난 디오니시우스는 이렇게 선언했다.

"피티아스의 죄를 사면하노라."

춘펑과 시아위이

춘펑과 시아위이는 한날한시에 태어났다. 두 사람의 아버지는 친한 벗이었다. 아이들이 태어나고 나서 두 집안은 더욱 가까워졌다. 어려서부터 둘은 친형제처럼 자랐다.

그러나 두 집안의 살림살이는 크게 달랐다. 시아위이네는 근동에서 손꼽히는 큰 부자였다. 춘펑네는 끼니를 잇기 어려울 만큼 가난했다. 부모가 세상을 떠난 다음에도 춘펑의 형편은 나아지지 않았다.

시아위이는 틈만 나면 춘펑을 도왔다. 세간을 마련해 주기도 하고, 장사 밑천도 대주었다. 장삿길에 나선 춘펑은 번번이 빈털터리가 되어 돌아왔다. 시아위이가 대준 돈을 날린 게 몇 번인지 모른다. 또다시 시아위이가 은자를 내어주려고 하자, 춘펑이 사양하며 말했다.

"자네 신세는 그만 지겠네. 나는 장사에 소질이 없나봐. 이제부터는 고향을 떠나 새로운 삶을 살아가려네."

"이보게, 어디로 가겠다는 것인가? 고생스럽더라도 이곳에서 함께 지내세."

시아위이가 말려보았으나, 춘펑의 결심은 확고부동하였다. 더는 막을 수 없다고 생각한 시아위이는 은자 오백 냥을 여비 삼으라며 내놓았다. 춘펑은 손사래를 치며 사양하였다. 길을 떠나면 돈이 필요한 법이니 받아달라고 간청하며, 시아위이는 춘펑의 봇짐 속에 돈을 찔러넣었다.

고향을 떠난 춘펑은 유랑걸식하며 각지를 돌아 다녔다. 어느 날, 한 낡은 사당에 도착하였다. 기왓장은 떨어져 나가고, 벽은 허물어져 있었다. 춘펑은 하룻밤 재워줄 것을 청하였다. 다음날 아침 춘펑은 사당 관리인에게 물었다.

"왜 사당을 고치지 않나요?"

"돈이 없기 때문이지요."

싱거운 대답이었다.

"내가 돈을 낼 터이니 사당을 고치시지요."

춘펑은 시아위이가 준 은자 오백 냥을 고스란히 내놓았다. 그는 봇짐을 메고 다시 길을 떠났다.

발길 닿는 대로 이곳 저곳을 정처없이 돌아다녔다. 얼마나 세월이 흘렀는지 모른다. 그의 발걸음은 수도 베이징에 이르렀다.

고대광실 기와집 한 곳의 문을 두드렸다. 그리고 문지기

에게 하룻밤 묵게 해달라고 부탁하였다. 그곳은 높은 관리
의 집이었다.

문지기는 춘펑이 세상물정에 어두운 사람 같아 측은한
생각이 들었다. 그래서 주인과 상의해 허드렛일을 도우며
그 집에서 한동안 지낼 수 있게 해주었다. 춘펑의 숙소는
별채였다. 별채는 귀신이 나온다는 소문이 돌아 아무도 접
근하지 않는 곳이었다.

춘펑은 곧 시내 두부 가게에 일자리를 얻었다. 두부 가
게는 춘펑이 오고부터 장사가 아주 잘되었다. 주인은 그게
춘펑 덕이라고 생각했다. 그래서 춘펑에게 가게 지분을
나누어주었다.

어느 날 두부 가게 주인이 말했다.

"자네, 결혼할 생각 없는가? 내가 중매를 서겠네."

"장가들고 싶은 생각은 없지만, 만일 그 관리의 딸이라
면 생각해 보겠습니다."

가게 주인은 어이가 없었다. 높은 관리의 딸에게 장가를
들겠다니 언감생심 가당키나 한 일인가? 하지만 춘펑 덕에
장사가 잘되고 돈도 모았으니, 보답을 하고 싶었다. 그는
관리를 찾아가 춘펑의 마음을 전했다.

어이없기는 관리도 마찬가지였다. 그는 귀찮은 생각에 불가능한 조건을 달았다.

"우리 집에서 당신 집까지 금화를 깔아놓으면, 내 결혼을 허락함세."

가게 주인은 돌아와서 춘펑에게 그 말을 전했다.

"제게 은자 백 냥만 빌려주십시오. 그 돈으로 제가 묵던 그 집 별채를 살 것입니다."

다음날 가게 주인은 은자 백 냥을 들고 관리한테 갔다. 그리고 관리가 내건 조건대로 하겠지만, 먼저 별채를 팔라는 춘펑의 말을 전했다. 관리는 귀신이 나온다고 해서 찜찜하던 터에 별채를 사겠다니 잘됐다 싶어, 바로 계약서에 서명을 했다.

춘펑은 이제 자신의 것이 된 별채로 갔다. 방에 들어가 마룻바닥을 뜯고 금화를 들어냈다.

그것은 춘펑만이 아는 비밀이었다. 춘펑이 별채에 든 첫날 밤이었다. 그의 꿈에 귀신이 나타났다.

"당신한테 보답하고 싶어 오래 기다렸는데, 이제야 오셨군요. 나는 당신이 보수해 준 사당의 귀신이오. 이 방 마룻바닥 밑에는 금화가 숨겨져 있소. 이젠 당신 것이니,

알아서 처분하시오."

꿈에서 깬 춘펑은 다음날 아침 마루판을 한 장 들어내 보았다. 그랬더니 귀신의 말이 사실이었다.

춘펑은 파낸 금화를 관리의 말대로 길에 촘촘히 깔았다. 그리고 관리의 딸한테 장가들었다.

소문이 나자, 베이징 시내의 상점이란 상점은 춘펑을 주주로 맞겠다고 아우성이었다. 그는 큰 상점 여러 곳의 지분을 갖게 되었다.

한편 시아위이는 그 사이에 모든 재산을 잃고 빈털터리 신세가 되었다. 친구 춘펑이 보고 싶었던 시아위이는 춘펑이 거쳐간 길을 따라 나섰다. 그는 어느 날 한 사당 앞에 세워진 나무판에서 다음과 같은 글씨를 보았다.

"시아위이가 은자 오백 냥을 시주하다."

춘펑이 시아위이의 이름으로 기부했던 것이다.

춘펑의 자취를 확인한 시아위이 역시 그후 여러 지방을 떠돈 끝에 마침내 베이징에 이르렀다. 괴이쩍게도 상점마다 '시아위이 상점'이라고 적혀 있는 게 아닌가?

춘펑이 그곳에 있는 게 분명했다. 그러나 상점마다 돌아다니며 물어도 춘펑을 아는 사람은 없었다. 낙심한 그는 문득 춘펑이 자신의 이름으로 살고 있는지 모른다는 생각이 들었다. 아니나 다를까, 시아위이를 찾았더니 그를 춘펑에게 데려다주었다.

춘펑은 맨발로 달려나왔다. 두 친구는 서로를 와락 끌어안았다. 비쩍 마른 몸에 누더기 옷을 걸치고 있는 시아위이를 보자 춘펑은 가슴이 메어졌다.

억울한 옥살이를 한데다 화재로 집이 타버리는 바람에 시아위이는 그 많던 재산을 다 날려버린 것이었다. 시아위이는 장탄식하며 불운한 자신의 신세를 한탄하였다.

눈물 흘리며 시아위이의 말을 듣고 있던 춘펑이 말했다.

"걱정 말게. 베이징의 큰 상점이 죄다 자네 것 아닌가? 여기서 여생을 함께하세나."

- 중국 옛이야기

함께 사는 세상

내가 어디를 가든

반드시 심장의 지문을 남기게 도와 달라.

이해와 사랑의 연민에서 솟아나는 심장의 지문을.

친절함과 진정한 관심에서 자라나는 심장의 지문을.

나의 마음이 외로운 이웃, 가출한 딸,

분노에 사로잡힌 어머니

혹은 늙은 할아버지에게 가닿을 수 있기를.

너를 잊지 않을게

너는 내게 여전히 맑은 하늘이며,
상큼한 한 줄기 바람이며,
마음과 마음을 이어주는 무지개며,
뜨겁게 타오르는 혁명의 등불.

시인 고야마 슈이치는 이렇게 노래했다. 일본 유학중
세상을 떠난 한국인 이수현에게 바치는 시 〈한국의 별〉
에서.

2001년 1월 26일 저녁, 수현은 종종걸음으로 신오쿠
보 역에 들어섰다. 아르바이트를 마치고 숙소로 돌아가는
길이었다.

도쿄 신주쿠의 신오쿠보 역 주변은 일본 한류의 중심지
인 코리아타운이 형성되어 있는 곳이다.

"카페 일 끝내고 전철역이야. 30분 후면 집에 도착할
거야."

승강장 계단을 오르며 수현은 여자친구에게 전화했다. 역사와 승강장은 퇴근길을 재촉하는 인파로 붐볐다. 승강장에 도착한 그는 전철을 타기 위해 줄을 섰다.

그때였다. 건너편 승강장에서 한 남자가 선로로 떨어지는 것이 보였다. 술에 취해 발을 헛디딘 것이었다. 만취한 남자는 몸을 가누지 못한 채 선로에 누워 있었다.

벨이 울렸다. 전철이 곧 도착한다는 신호였다. 사람들의 안타까운 비명이 이어졌다. 사람들은 발만 동동 구를 뿐이었다.

수현은 반사적으로 선로로 뛰어내렸다. 사람을 살려야 한다는 생각뿐이었다. 남자를 일으켜 세우려 할 때, 한 사람이 더 내려와 거들었다.

전동차는 점점 다가오고 있었다. 수현은 달려오는 열차를 향해 "안돼, 멈춰!" 하며 손을 내저었다. 열차를 멈추게 하려는 안타까운 몸부림이었다.

너무 늦었다. 전동차 기관사가 이들을 발견한 것은 겨우 수십 미터 앞에서였다. 급히 브레이크를 걸었지만, 전동차는 멈추지 못하고 이들을 지나쳤다.

선로 바닥으로 미끄러졌던 남자와 그를 구하기 위해 뛰

어든 사람들 모두 그 자리에서 숨지고 말았다.

맨 먼저 선로로 뛰어든 젊은이는 한국인 유학생 이수현이었다. 그리고 또 한 사람은 일본인 사진작가 세키네 시로였다.

위험을 무릅쓰고 일본인을 구하려다 희생된 젊은이가 이웃나라 한국인이라는 사실은 일본사회에 큰 감동을 불러일으켰다. 이수현 신드롬이라고 불릴 정도였다.

"수천만 일본인은 한 명 한국인이 치른 숭고한 희생에 감동받아 슬퍼하고 있다. 같은 일본인이라도 전동차가 굉음을 내며 접근할 때 선로에 떨어진 취객을 구하기 위해 몸을 던질 용기를 내기란 쉽지 않을 것이다. 그러나 그는 1, 2초도 안돼 몸을 날렸다. 마치 가엾은 인간을 구제하기 위해 지상으로 내려온 천사처럼."

작가 아스나 미즈호가 쓴 추모 글이다.

한국과 일본 "두 나라의 교역과 문화교류에 이바지"하는 꿈을 꾸던 스물여섯 꽃다운 나이의 젊은이는 이역땅 차가운 선로 위에서 생을 마감했지만, 그의 꿈은 여전히 살아 있다.

하늘에 별이 진다 해도 너를 잊지 않을게.
태양이 식어 빛바래도 그댈 잊지 않을게.
우리의 꿈과 희망이야 그 자리에 있어줘.
메마른 가슴을 채워줄 넌 나의 사랑이야.

- 추가열의 추모곡 〈너를 잊지 않을게〉 한 구절

우유 한 잔

찢어지게 가난한 소년이 있었다. 학교에 다닐 차비라도
벌기 위해, 소년은 매일같이 집집마다 문을 두드리며 물건
을 팔아야 했다.

어느 날, 배가 몹시도 고팠다. 주머니를 뒤져봐도 있는
건 동전 한 닢뿐이었다. 간단한 요깃거리라도 부탁할 요량
으로 한 집의 문을 두드렸다.

문을 열고 나온 것은 아리따운 소녀였다. 소년은 왠지
모를 부끄러움이 몰려왔다. 먹을 것을 달라는 말이 차마
나오지 않았던 소년은 대신 마실 물 한 잔을 청하였다. 소
년의 모습에서 그가 몹시 허기진 상태임을 눈치챈 소녀는
커다란 컵에 물 대신 우유를 가득 따라 가져왔다. 소년은
천천히, 맛있게 우유를 마시고 말했다.

"감사합니다. 어떻게 이 은혜를 갚을 수 있을까요?"

"아니에요. 당연한 일을 한 걸요. 어머니는 늘 친절함에
물질적 대가가 따라서는 안된다고 가르치셨어요."

소녀가 대답했다.

"그렇다면 진심으로 감사드릴게요."

비록 우유 한 잔의 호의였지만, 소년에게는 이 날의 기억이 오래도록 잊히지 않았다.

세월이 흘러 소녀도 소년도 어른이 되었다. 그런데 안타깝게도 중년부인이 된 소녀는 중병에 걸리고 말았다. 웬만한 의사들은 손을 쓸 수도 없는 난치병이었다. 그녀는 희귀병을 치료해 줄 전문의를 찾아 대도시의 병원으로 옮겼다.

하워드 켈리 박사가 부인의 치료를 맡게 되었다. 그는 환자의 출신 지역을 듣고 묘한 예감에 휩싸였다. 서둘러 환자의 방으로 내려가 보았다. 단번에 그녀를 알아볼 수 있었다. 무슨 일이 있어도 그녀를 살려내겠다고 결심한 박사는 환자의 치료에 온 힘을 다했다.

박사의 힘겨운 노력으로 환자의 병은 완치되었다. 그녀가 퇴원하는 날, 켈리 박사는 수납계에 수술비 고지서를 요청했다. 박사는 고지서 모퉁이에 무엇인가를 끄적이고는 병실에 전달시켰다.

평생을 갚아도 부족할 치료비에 대한 두려움으로 환자는 차마 고지서를 열어보지도 못하고 있었다. 마침내 그녀가 고지서를 펼쳤을 때, 거기에는 이렇게 적혀 있었다.

"한 잔의 우유로 완납됨. 하워드 켈리 박사."

환자의 눈에서는 기쁨의 눈물이 흘렀다.

- 하워드 켈리 박사는 저명한 내과의사로서
존스홉킨스 대학 설립자 가운데 한 사람이다.

버스 안에서 생긴 일

병원 근무를 마친 다영은 버스에 올라탔다. 집으로 가는 시내버스였다. 다행히 버스기사 바로 뒷자리에 앉을 수 있었다. 몇 정거장을 지나자 버스 안은 제법 붐비기 시작했다.

내릴 정류장이 다가오자 다영은 자리에서 일어났다. 버스 중간에 있는 하차 문으로 걸음을 옮기던 그녀의 눈에 좌석에 앉아 있는 한 아저씨의 모습이 스쳤다. 짧은 순간이었지만 직감적으로 무언가 잘못됐다는 느낌이 들었다. 아저씨는 눈을 감은 채 머리를 유리창에 기대고 있었다. 얼핏 자고 있는 듯이 보였지만, 미동도 없는 것이 보통 사람이 자는 모습과는 달랐다.

한 걸음 앞으로 내디디며 가슴 쪽을 살폈다. 흉곽이 전혀 움직이지 않았다. 잠을 자더라도 들숨과 날숨에 따라 흉곽이 위아래로 움직여야 하는 것이다. 사태를 직감한 다영은 주변 승객들에게 물었다.

"이분 언제부터 이러시죠?

"아까부터 자고 있었어요."

상황을 모르는 승객들은 아저씨가 졸고 있는 줄 알았던 것이다.

다영은 아저씨를 흔들었다. 아무런 반응이 없었다. 자세히 보니 동공도 이미 풀린 상태였다. 경동맥도 뛰지 않았다.

다영은 즉시 위급 상황을 119에 신고했다. 그리고 운전기사에게 잠시 버스를 세워달라고 요청했다. 버스는 서지 않았다. 도로가 혼잡해 차를 도로가에 세울 수 없는 상황이었다.

한시가 급했다. 언제 심장이 멈췄는지 모를 일이었다. 버스가 서지 않고 그대로 달리자, 다영은 아저씨가 좌석에 앉아 있는 채로 가슴 압박을 시작했다. 그렇게라도 하지 않을 수 없었다.

그제서야 승객들은 사태를 파악했다. 도로 사정을 알 리 없는 승객들은 버스기사에게 항의했다. 잠시 후 버스가 멈춰섰다.

다영은 승객들의 도움을 받아 아저씨를 버스 바닥에 눕혔다. 그리고 본격 심폐소생술을 시작했다. 아저씨의 몸을 조이고 있던 옷가지를 풀고, 손에 힘을 주어 가슴을 눌렀다 놓았다 하기를 반복했다. 얼마의 시간이 흘렀을까? 아저씨의 몸이 약간의 미동을 보였다.

희망을 발견한 다영은 있는 힘을 다해 심폐술을 계속했다. 119 구조대가 도착한 것은 심폐술을 시작한 지 15분쯤 뒤였다. 119 구조대에 인계한 다음에도 다영은 자리를 뜨지 않았다. 정맥주사 줄을 잡아주고 패치 부착을 거들었다.

다행스럽게도 세 번째 전기 충격이 가해진 후 심전도 리듬이 정상으로 돌아왔다. 긴박한 위기를 넘긴 아저씨는 인근의 대학병원으로 이송되었다. 다영의 기지와 헌신 덕분에 아저씨는 목숨을 건졌다. 뿐만 아니라 뇌손상에 의한 기억력 상실이나 신체 마비 증상도 나타나지 않았다. 며칠 후 병원을 퇴원한 아저씨는 건강한 몸으로 일상생활에 복귀할 수 있었다.

- 이 글은 2016년 2월 부산에서
있었던 실화에 바탕해 이야기를 꾸민 것임.

마음의 눈으로 본 세상

중병을 앓고 있는 두 환자가 같은 병실에 입원하고 있었다. 한 남자는 폐에 찬 물을 빼내기 위해 매일 오후 한 시간씩 침대에 일어나 앉아 있어야 했다. 이 환자의 침대는 창가였다. 또 다른 환자는 몸을 움직일 수 없어 종일 침대에서 누워 지냈다.

두 남자는 하루에도 몇 시간씩 이야기를 나누었다.

가족, 아내, 집, 직장, 군대 시절, 휴가를 갔던 곳... 이야깃거리는 끝이 없었다. 그렇게 같은 병실을 나눠 쓰는 두 환자는 매일 이야기 꽃을 피우며 무료한 시간을 이겨냈다.

창가 침대를 쓰는 환자는 매일 오후 침대에서 일어나 앉는 시간이면, 창밖에 보이는 것들을 자세히 다른 환자에게 묘사해 들려주었다. 종일 누워 지내야 하는 환자에게는 그 시간이 몹시 소중했다. 하루의 아주 작은 조각에 불과했지만, 같은 방 환자가 들려주는 바깥세상 소식은 갇혀 있던 남자의 세계를 넓혀주고, 답답한 삶에

생기를 불어넣어주었다.

창가 환자가 들려준 이야기에 따르면, 창문 너머로는 근사한 호수가 있는 공원이 내다 보였다. 호수에는 오리와 백조가 유유히 헤엄을 치고, 그 옆에서 어린 아이들이 오리 배를 타고 놀았다.

이야기를 듣고 있으면, 만개한 꽃밭 사이를 팔짱을 끼고 산책하는 젊은 연인들의 모습과 도시의 아름다운 스카이라인이 눈앞에 펼쳐지는 듯했다. 창가 환자가 풍경을 상세히 묘사하는 동안, 내실 쪽 침대의 환자는 조용히 눈을 감고 그림처럼 아름다운 풍경들을 상상하곤 했다.

어느 따뜻한 오후였다. 창가의 남자는 지나가는 행렬을 묘사했다. 밴드의 음악소리는 들리지 않았지만, 침대에 누워 있는 남자는 마음의 눈으로 그 모든 광경을 생생히 그려볼 수 있었다.

그렇게 몇 주가 흐른 어느 날 아침, 환자를 살피러 온 간호사는 창가 환자가 이미 조용히 숨을 거두었음을 발견했다. 간호사는 죽은 환자의 시신을 정리하기 위해 병원 직원을 불렀다.

병실 안쪽 침대를 쓰고 있던 환자는 이제 자신을 창가

침대로 옮겨줄 수 있느냐고 물어보았다. 간호사는 기꺼이 그러겠노라며 자리를 옮겨주었다. 자리를 정돈해 주고 간호사는 병실을 나갔다.

병실에는 그 환자 혼자만이 남았다. 그는 바깥 세상의 생생한 풍경을 보고 싶었다. 팔꿈치에 힘을 주어 힘겹게 일어섰다. 자리에서 몸을 일으켜본 것은 처음이었다. 그는 침대 옆에 있는 창문을 바라보기 위해 천천히 몸을 돌렸다. 그러나 그가 마주한 것은 빈 벽이었다.

그는 간호사에게 죽은 환자가 어떻게 그토록 생생하게 벽 너머의 세상을 묘사할 수 있었는지 물어보았다. 간호사의 대답은 놀라웠다. 그 환자는 빈 벽조차도 볼 수 없는 맹인이었다는 것이다. 그녀는 가만히 덧붙였다.

"아마도 그분이 환자분께 용기를 주고 싶으셨나 봐요."

불난 집에서 구한 아이

존과 메리는 멋진 집과 사랑스러운 딸과 아들을 가진 행복한 부부였다. 어느 날, 존이 회사 일로 여러 날 동안 집을 비우게 되었다. 고민 끝에 아내인 메리도 출장에 동행하기로 하고, 그동안 아이들을 돌보아줄 믿을 만한 보모를 구했다.

여행을 떠난 부부는 무사히 일정을 마치고 애초 계획보다 조금 일찍 집으로 향했다. 아이들을 보고픈 마음에 서둘러 차를 몰아 돌아오던 중 부부는 그들의 집 근처에서 연기가 나는 것을 목격했다.

천만다행으로 화재는 다른 곳에서 난 것이었다.

"휴, 다행히 우리 집은 아니네요. 어서 집으로 가요."

메리가 말했다. 그러나 존은 무슨 일이 일어났는지 살펴보자며, 집으로 가는 길을 벗어나 차를 몰았다. 연기에 휩싸인 집이 보였다.

"저건 프레드 존스 씨의 집이잖아. 아직 퇴근 전일 텐데, 아마 우리가 도울 일이 있을 거야."

메리는 말렸다.

"우리와는 상관 없잖아요."

그러나 존은 그대로 차를 몰아 화재가 난 집으로 향했다. 부부는 불에 휩싸인 집을 보고 아연실색했다. 마당으로 뛰쳐나온 여자가 다급하게 외쳤다.

"아이들... 안에 있는 아이들을 꺼내야 해요!"

존은 여자를 진정시키며 물었다.

"우선 숨을 쉬시고요. 아이들이 어디에 있는지를 말해주세요!"

여인은 흐느끼며 말했다.

"지하에... 거실을 지나 왼쪽으로."

아내가 말렸음에도 존은 물 호스를 움켜쥐고 자신이 입고 있는 옷을 적셨다. 그리고 젖은 수건으로 머리를 감싼 다음 집안으로 들어갔다. 지하실 문을 열고 들어가 두 명의 아이들을 한 명씩 양쪽 어깨에 들쳐메고 나오는 데 성공했다. 그런데 안쪽에서 또 다른 누군가가 훌쩍이는 소리를 들은 듯했다.

존은 먼저 아이들의 폐에 신선한 공기가 들어갈 수 있게 조치하였다. 그리고 나서 몇 명의 아이들이 지하에 남아 있는지 알아보았다. 두 명이 더 있다고 했다. 메리는 제발 들어가지 말라고 강하게 제지했다.

"존! 제발 들어가지 말아요. 지금 저 속으로 들어가는 건 자살행위나 다름없다고요!"

그러나 그는 메리의 반대를 뿌리치고 연기 가득한 거실을 지나 지하실로 내려갔다. 갇혀 있는 아이들을 발견하기까지 마치 시간이 멈춘 듯 참으로 길고 아득한 순간이었다. 아이들을 들쳐안은 존은 연기를 마시지 않기 위해 최대한 낮은 자세로 계단을 올랐다. 길게만 느껴진 계단에서 발을 헛디딘 순간, 불현듯 자신의 몸에 매달려 있는 아이들의 작은 몸집에서 어딘지 모르게 익숙한 느낌을 받았다.

마침내 무사히 아이들을 집밖으로 데리고 나와 맑은 공기를 쉴 수 있게 되었다. 기진맥진해 땅바닥에 주저앉은 존은 그제서야 깨달았다. 그가 힘들게 구해 낸 생명이 바로 자신의 아이들이었다는 것을.

보모가 잠시 쇼핑을 간 사이에, 아이들을 이 집에 맡겨 놓았던 것이다.

꿈은 이루어진다

1883년, 존 로블링이라는 창의적인 엔지니어는 뉴욕과 롱 아일랜드를 잇는 아름다운 다리를 짓겠다는 생각에 골몰하였다. 하지만 전 세계의 교량 전문가들은 말도 안되는 생각이라고 일축하였다. 절대로 실현될 수 없는 계획이고, 비실용적이고, 한번도 시도된 적 없는 일이라는 게 그 이유였다.

하지만 로블링은 다리에 대한 생각을 떨쳐버릴 수 없었다. 그는 항상 다리를 생각했으며, 마음 속 깊은 곳에서부터 그것이 실현 가능한 계획임을 믿었다. 로블링에게 필요한 것은 함께 꿈을 꿀 사람이었다. 그는 전도유망한 엔지니어인 아들 워싱턴과 많은 대화를 나누었다. 마침내 아들도 아버지의 꿈이 실현될 수 있음을 확신하게 되었다.

아버지와 아들은 다리를 어떻게 설계하고, 난관은 어떻게 극복할지 함께 개념을 발전시켜갔다. 눈앞에 놓인 험준한 도전은 몹시 흥분되고 영감을 불러일으키는 일이었다. 약간의 조급증도 없지는 않았다. 마침내 그들은 직원을 고용하여 꿈의 다리를 짓기 시작했다.

시작은 순조로웠다. 그러나 착공에 들어간 지 불과 몇 달 뒤, 공사장에서 비극적인 사고가 발생하였다. 사고로 존 로블링은 목숨을 잃었다. 워싱턴은 뇌손상을 입어 걷거나 말하기는 커녕 몸을 움직일 수조차 없게 되었다.

"거봐, 우리가 그럴 거라 했잖아."

"미친 사람들이 미친 꿈을 꾼 거지."

"헛된 꿈을 좇는 건 어리석은 일이야."

모두가 로블링 가의 불행에 대해 한마디씩 거들었다. 다리를 건설하는 법을 아는 사람들이 이 모양이 되었으니, 프로젝트를 접어야 된다고들 생각했다. 그러나 워싱턴은 불구의 몸이 되었음에도 좌절하지 않았다. 그는 여전히 다리를 완성하겠다는 집념에 불타고 있었으며, 정신은 그 어느 때보다 맑고 또렷했다.

워싱턴은 몇몇 친구에게 자신의 열정을 전달하고 싶었으나, 그들은 이미 너무 겁을 먹은 상태였다. 그가 누워 있는 병실 침대 위로 따스한 햇살이 스며들었다. 산들바람에 나풀거리는 하얀 커튼 사이로 아주 잠깐씩 바깥의 하늘과 나무를 볼 수 있었다.

그것은 마치 워싱턴에게 포기하지 말라는 메시지 같았다. 그때 갑자기 한 아이디어가 그의 머릿속을 스쳤다. 워싱턴이 스스로 움직일 수 있는 유일한 신체 부위는 손가락이었다. 그는 천천히 아내와 소통할 수 있는 암호를 만들어 나갔 다.

그는 손가락으로 아내의 팔을 건드려, 엔지니어들에게 전화를 걸어 달라고 부탁했다. 그리고 아내의 팔을 두드리는 방식으로 엔지니어들에게 지시사항을 전달하였다. 바보스러워 보이기는 했지만, 프로젝트는 재개되었다.

13년 동안 워싱턴이 손가락으로 아내의 팔을 두드린 결과, 다리는 마침내 완성되었다.

오늘날에도 당당한 자태를 뽐내는 브루클린 다리는 한 남자의 꺾을 수 없는 정신과 상황에 타협하지 않은 그의 결단력이 가져온 승리의 결과물이다. 또한 엔지니어들과 그들의 협동심, 세상의 절반이 미쳤다고 손가락질하던 남자에 대한 그들의 신뢰가 만들어낸 아름다운 결실이다. 13년간 인내심 있게 남편의 메시지를 해석하고 그것을 엔지니어들에게 전달한 아내의 사랑과 헌신이 없었다면 불가능했을 실재하는 기념비이기도 하다.

육체의 한계를 극복하고 불가능한 목표를 이루어낸 불굴의 정신, 브루클린 다리는 그 가장 전형적인 사례 가운데 하나일 것이다.

당신은 내 삶의
고귀한 선물

벽 앞을 지나가네, 라일라의 벽 앞을.
이 벽, 저 벽에 입 맞추며.
내 맘을 사로잡은 것은 집이 아니라네.
벽 안에 사는 아리따운 여인이라네.

- 카이스 이븐 알-물라와

사랑하는 아내에게

당신을 처음 본 지 어느새 예순두 해가 흘렀소.

정말 세월은 흐르는 물과 같군요. 그러나 당신의 눈을 들여다보는 지금, 하노버 광장의 그 작은 카페에서 당신을 처음 본 게 어제처럼 느껴진다오.

당신이 그 젊은 산모와 신생아를 위해 문을 열며 미소짓던 모습을 본 순간부터 나는 알았소. 남은 인생을 당신과 함께하고 싶어하는 내 마음을.

당신을 처음 뚫어져라 바라보던 그때, 내가 얼마나 어리석어 보였을까 하는 생각이 아직도 든다오. 모자를 벗고, 짧은 검은 머리를 손가락으로 가볍게 매만지던 당신의 모습이 눈에 선하오.

당신은 모자를 탁자 위에 올려 놓고, 뜨거운 찻잔을 손으로 감싸쥐었지요. 그리고 입술을 모아 부드러운 입김으로 찻잔 속의 증기를 날려보냈소. 당신의 행동 하나하나 그 모든 것에 정신을 빼앗기고 말았지요.

그 순간부터 모든 것이 완벽한 의미를 띠기 시작했다오.

카페 안의 사람들과 바깥 번다한 거리가 모두 흐릿한 모습으로 사라져버렸지요. 내가 볼 수 있는 건 오직 당신뿐이었소.

내 인생은 그 첫날을 다시 사는 것에 지나지 않다오. 당신을 처음 만난 바로 그 순간의 참사랑을 다시 느끼고 싶은 마음에 수없이 그날을, 그리고 그 짧은 순간 내가 어떻게 그곳에 들르게 되었는지 생각해 보곤 하지요.

지금까지 내내 이런 감정을 갖고 살 수 있었던 것은 내게는 축복이오. 물론 앞으로도 영원히 가슴속에 간직할 것이오.

전쟁터 참호 속에서 사시나무 떨 듯하면서도 당신의 얼굴을 잊은 석이 없었소. 총알과 포탄 파편이 비 오듯 쏟아질 때면, 진흙탕을 뒤집어 쓴 채 공포에 떨어야 했다오. 그래도 소총만은 단단히 움켜쥐고, 우리가 처음 만난 그날을 다시금 떠올렸지요.

모든 것을 두들겨 부수는 아비규환 전쟁터에서 울부짖으면서도 오직 당신을 생각했소. 내게 화답해 주던 당신의 미소를 기억했소. 그러면 모든 것이 일순 평온해졌다오. 죽음과 파괴에서 벗어나 당신과 잠깐이나마 소중한 순간을 함께했던 것이라오. 다시 눈을 뜨고서야 끔찍한 전쟁의 참상을 보게 되었지요.

휴가를 얻어 당신에게 돌아온 것이 9월이었다오. 심신이 지칠 대로 지쳐 있어서, 당신을 얼마나 깊이 사랑하는지 제대로 표현하지도 못했소. 기쁜 마음에 우리가 서로를 얼마나 꼭 껴안았던지, 몸이 부서질 정도였지요. 그날 나는 당신에게 나와 결혼해 달라고 청혼했다오. 당신은 그윽한 눈길로 내 눈을 들여다보며 대답했지요.

"네, 당신의 신부가 되겠어요."

"야호."

기쁨에 겨워 부끄러운 줄도 모르고 나는 환호성을 질렀지요.

나는 지금 우리의 결혼 사진을 바라다보고 있다오. 화장대 위 당신의 패물 상자 옆에 놓여 있는 사진 말이오. 당시의 우리는 얼마나 젊고 순진무구했던가요.

교회 앞 계단에서 사진 찍던 때가 떠오르오. 턱시도를 입은 내 모습이 얼마나 근사하고 멋진지 모르겠다고 당신이 말해 주었지요. 체셔 고양이처럼 나는 말없이 활짝 웃었다오.

사진은 이제는 낡고 빛이 바랬소. 그러나 사진을 들여다볼 때면, 우리 젊은 시절의 밝고 활기찬 모습이 떠오른다오. 나는 아직도 장모님께서 손수 만들어주신 당신의 웨딩 드레스를 똑똑히 기억하고 있소. 정성 들여 수놓은 섬세한 레이스며 아름다운 진주가 얼마나 잘 어울리든지. 조금만 집중해 노력하면 당신이 들고 있던 부케 꽃다발의 향내를 맡을 수 있을 정도라오. 부케를 손에 들고 당신은 얼마나 자랑스러워했던가요.

결혼한 지 한 해 뒤의 일이오. 부드럽게 잡은 내 손을 당신 허리께로 가져가며 당신이 내게 속삭였다오.

"곧 아이가 태어날 거예요."

얼마나 기뻤던지 생생히 기억하오. 우리의 두 아이는 당신을 진심으로 사랑한다오. 아이들은 지금 문밖에서 차례를 기다리는 중이오.

조나단이 태어났을 때 너무 좋아 내가 마치 미친 사람처럼 굴던 것을 기억하오? 서툰 자세로 생전 처음 갓난아기를 안아보는 나를 향해 미소짓던 당신 모습을 지금도 선명히 기억한다오. 내가 조나단의 얼굴을 들여다보며 기쁨의 울음을 터뜨리자, 당신의 웃음도 눈물로 바뀌었지요.

사라와 톰은 손녀 테시를 데리고 오늘 아침에 도착했다오. 우리가 처음으로 꼬맹이 손녀를 만났을 때, 우리 둘다 얼마나 기뻐하며 꼭 안아주었는지 기억하지요? 다음달이면 테시가 벌써 여덟 살이 된다오.

예쁜 드레스에 빨간 광택 구두를 신은 테시의 모습이얼마나 예쁜지 모르오. 테시는 우리가 처음 만난 그날의당신 모습을 떠올리게 한다오. 나는 지금 울지 않으려무진 애를 쓰고 있소. 내 사랑, 그대여.

테시는 오래 전 당신의 머리 모양처럼 짧은 커트 머리를하고 있다오. 오늘 아침 현관에서 마주한 테시의 웃음은따뜻한 장갑처럼 나를 포근히 감싸주었소. 당신의 웃음이늘 그래 왔던 것처럼 말이오. 내 사랑, 그대여.

사랑하는 이여, 당신이 피곤할 줄 알고 있소. 이제는 당신을 놓아주어야 할 시간이오. 하지만 당신이 힘들더라도그것은 내가 당신을 너무 사랑하기 때문이라오.

함께 나이 들어가면서 나는 당신을 놀리곤 했지요. 우리가 처음 만난 그때하고 당신은 하나도 달라진 게 없다고.그것은 진심이라오. 내 사랑, 그대여. 다른 사람들 눈에 띄는 주름과 흰 머리가 내게는 하나도 보이지 않는다오.

지금의 당신 모습 속에서 나는 오직 당신의 달콤하고 부드러운 입술과 젊음이 빛나던 눈을 볼 뿐이오. 작은 시냇가로 처음 소풍 갔던 그때 모습 그대로 말이오. 떡갈나무 고목을 사이에 두고 술래잡기하던 기억이 새롭소. 우리가 함께했던 그 초기의 행복이 영원히 지속될 것을 바랐다오. 그 당시 우리의 하루하루가 얼마나 즐겁고 흥미로웠는지 기억하지요?

이제는 당신을 떠나 보내야겠소. 내 사랑, 그대여. 아이들이 밖에서 기다리고 있다오. 그들도 당신에게 작별 인사를 해야 할 테니.

두 눈에 흐르는 눈물을 닦아내며, 마룻바닥을 향해 내 기력 없는 노쇠한 다리를 구부리는 중이오. 무릎걸음으로 다가가 당신의 손을 잡고, 당신의 부드러운 입술에 마지막 키스를 보내오.

사랑하는 그대여, 고이 잘 자요.

당신이 내 곁을 떠나야 하는 게 슬프지만, 걱정하지 말아요. 곧 당신과 함께할 수 있을 테니, 나는 괜찮다오. 늙고 쇠잔한 몸으로 당신 없이 얼마를 더 살 수 있겠소?

그리 오래 걸리지 않을 거요. 하노버 광장의 그 작은 카페에서 다시 만납시다.

안녕, 사랑하는 아내여.

조선 여인의 사부곡

당신이 언제나 내게 이르기를, 둘이 머리가 희도록 살다가 함께 죽자 하더니 어찌하여 나를 두고 먼저 가십니까?

나하고 어린 자식은 누구의 말을 듣고 어떻게 살라고 다 버리고 당신 먼저 가십니까?

당신은 나를 향해 어떤 마음을 가져왔으며, 나는 당신에게 어떤 마음을 가졌었나요?

함께 누워 내가 항상 당신에게 이르던 것을 새겨 보세요. 남들도 우리처럼 서로 어여뻐 여겨 사랑할까요? 남들도 우리 같을까요? 하고 당신에게 일렀거늘 어찌 그런 일을 생각하지 아니하고 나를 버리고 먼저 가시는가요?

당신을 여의고는 아무리 해도 나는 살 수 없으니, 빨리 당신에게 가려고 하니 나를 데려가세요.

당신을 향한 마음 이승에서 이룰 수 없으니, 서러운 뜻 한이 없으니, 이 내 마음 어디다 두고, 자식 데리고 당신을 그리워하며 살 수 있을까요.

이 내 편지 보고 내 꿈에 와서 자세히 일러주세요. 내 꿈

속에서 당신의 말을 자세히 듣고 싶어서 이렇게 글을 써 넣어드립니다. 자세히 보시고 나에게 일러주세요.

당신이 내 뱃속의 자식 낳으면 보고 말할 것이 있다 하고 그렇게 가시니, 자식 낳으면 누구를 아버지라고 하라 하시는가요?

아무리 한들 내 마음 같겠습니까? 이런 천지 같은 슬픈 일이 하늘 아래 또 있을까요?

당신은 한갓 그곳에 가 계실 뿐이니, 아무리 한들 내 마음같이 서러울까요.

- 1586년 6월 1일,
젊은 나이에 세상을 떠난 남편을 그리는
430년 전 조선 여인의 사부곡.

아벨라르와 엘로이즈

"훗날 내가 사람들에게 기억된다면, 그것은 엘로이즈가 나를 사랑했기 때문일 것이다."

인류 역사상 가장 로맨틱하면서도 무서운 가시밭길 사랑의 주인공이었던 아벨라르의 말이다. 한 시대를 풍미한 뛰어난 사상가이자 성직자였지만, 그의 말대로 엘로이즈와의 비극적인 사랑 때문에 그의 이름은 더 큰 유명세를 얻었다.

아벨라르는 12세기의 프랑스를 대표하는 신학자요 철학자였다. 그는 겨우 스물두 살 나이에 스승이었던 당대 최고의 학자 기욤을 논쟁으로 이기면서 새 학파를 일으켰다. 그리고 30대 중반에 철학과 신학 분야의 최고봉인 파리 노트르담 성당 부설 학교의 교수로 부임하였다.

그곳에서 아벨라르는 운명적인 사랑과 만나게 되었다. 자신보다 스무 살이나 어린 열일곱 살의 엘로이즈였다. 그는 엘로이즈의 아름다움과 지성에 반했다. 여자는 학교에 다닐 수 없던 시대였지만, 수녀원에서 자란 그녀는 수준 높은 교육을 받을 수 있었다. 또한 인간의 존재와 진리에 대한 탐구열에 불타고 있었다.

노트르담 성당 참사관인 엘로이즈의 숙부 풀베르는 조카딸에 대한 애정이 남달랐다. 엘로이즈를 위해 풀베르는 아벨라르를 조카딸의 가정교사로 들였다. 영민한 엘로이즈를 가르칠 수 있는 사람은 오직 아벨라르뿐이라고 생각했다.

두 사람은 이내 걷잡을 수 없이 서로의 매력에 빠져 들어갔다. 아벨라르는 엘로이즈의 지성과 위트에 감탄했고, 엘로이즈 역시 정신적 자양을 나누어주는 대학자에게 깊은 흠모의 정을 느꼈다. 둘은 정신적 교감을 넘어 육체적 욕망을 불태우기 시작하였다. 훗날 아벨라르가 친구에게 보낸 편지에는 이렇게 적혀 있다.

"책을 펼쳐놓고 학문을 논하기보다 사랑에 관해 이야기를 나누는 일이 더 많았고, 내용을 설명하기보다 키스하는 일이 더 많았다네. 툭 하면 내 손은 책이 아닌 그녀의 가슴으로 향하곤 했지. 우리의 눈은 문자를 판독하기보다 서로를 응시하는 일이 더 많았네."

사람들의 눈을 피해 그들은 사랑을 불태웠다.

"우리는 모든 형태의 사랑에 탐닉했으며, 사랑이 가져다줄 수 있는 모든 희열을 맛보았네. 기쁨이 새로울수록 우리는 더욱 깊숙이 빠져들었다네."

그러던 중 엘로이즈가 임신을 하게 되었다. 아벨라르는 엘로이즈와 결혼하겠다고 나섰다. 하지만 엘로이즈는 결혼을 거부했다. 결혼이 아벨라르에게 치욕을 가져다주고, 그의 앞길을 방해할 것이기 때문이었다. 아벨라르는 장차 성직자가 될 예정이었다.

아이를 낳기 위해 아벨라르는 엘로이즈를 빼돌려 자신의 고향 브르타뉴에 사는 누이의 집으로 보냈다. 파리로 돌아온 아벨라르는 풀베르를 찾아가 엘로이즈와의 관계를 털어놓았다. 풀베르는 아벨라르가 자신의 조카를 파괴했다고 분노했다.

화가 머리끝까지 치민 풀베르는 아벨라르에게 속죄를 요구했다. 아벨라르는 엘로이즈와 결혼해 모든 책임을 지겠지만, 결혼 사실만은 비밀로 해달라고 양해를 구했다.

사내아이를 낳은 엘로이즈는 아이를 아벨라르의 누이에게 맡긴 후, 파리로 돌아와 아벨라르와 비밀 결혼식을 올렸다. 둘이 결혼한 다음, 배신감에 사로잡힌 풀베르는 조카 엘로이즈를 학대하기 시작하였다. 아벨라르는 다시 한 번 엘로이즈를 빼돌려 수녀원으로 피신시켰다.

풀베르는 엘로이즈가 수녀가 된 것으로 착각하였다. 엘로이즈가 귀찮아진 아벨라르가 그녀를 수녀로 만들었다고 오해했던 것이다. 그리하여 아벨라르에게 복수를 결심했다. 아벨라르의 하인을 매수해 아벨라르의 성기를 거세해 버렸던 것이다. 얼마나 무서운 복수인가?

수치심에서 헤어나지 못한 아벨라르는 그 길로 생드니 수도원에 들어가 수도사가 되었다. 엘로이즈 역시 깊은 상심에서 헤어나지 못한 채 수녀의 길을 걷게 되었다. 이후 둘은 생을 마감하기까지 사제와 수녀로서 살았다. 어린 시절을 수녀원에서 보낸 엘로이즈가 바깥세상의 공기를 맛본 것은 아벨라르와 함께한 3년이 전부였다.

멀리 떨어진 곳에서 각자 성직자로서의 삶을 살았지만, 그마저도 두 사람을 영원히 갈라놓지는 못했다. 못 다한 사랑의 두 주인공은 편지로 아쉬운 인연을 이어갔다.

"아우구스투스 황제가 저를 결혼상대로 골라 전 우주를 지배하도록 해주겠다고 약속해도, 그의 황후가 되기보다는 당신의 창부라 불리는 쪽이 훨씬 가치있는 일이라고 자신 있게 말할 수 있어요."

엘로이즈의 편지 한 토막이다. 아직 서른한 살의 젊은 나이였던 엘로이즈는 아벨라르가 원한다면 '지옥의 불구덩이'도 마다하지 않겠다며 변함없는 애정을 드러냈다.

아벨라르의 삶은 사제로서도 순탄하지 못했다. 이단으로 몰리는 등 고초를 겪어야 했다. 그는 각지를 방랑하던 끝에 예순세 살의 나이에 쓸쓸히 삶을 마감했다. 그의 유해는 엘로이즈가 머물던 수녀원 묘지에 묻혔다.

엘로이즈는 아벨라르가 세상을 뜬 후 스물두 해를 더 살았다. 엘로이즈가 죽자 사람들은 그녀의 유언에 따라 아벨라르 곁에 나란히 묻어주었다. 그들의 묘는 나중에 파리의 페르 라셰즈 공동묘지로 이장되어, 사랑을 갈구하는 연인들의 순례지가 되었다.

아마 그들은 한번도 사랑을 멈춘 적이 없으리. 그리하여 죽어서도 '영원한 하나'가 되어 머물고 있는 것이리라.

침묵 사랑

두 젊은 남녀가 있었다. 두 사람은 서로 사랑했지만, 그들의 사랑에는 장애물이 놓여 있었다. 처녀의 가족이었다. 처녀의 가족은 처녀가 청년과 사귀는 것을 강하게 반대했다. 양쪽 집안의 배경이 너무 다르다는 이유였다. 처녀의 부모는 자신들의 딸이 청년과 결혼해 불행해지는 것을 원치 않았다.

가족의 반대 때문에 처녀는 심한 압박감에 시달렸다. 스트레스를 이겨내느라 처녀는 시도 때도 없이 청년에게 묻곤 했다.

"나를 얼마나 깊이 사랑해?"

청년은 표현이 서툴렀다. 자신의 사랑을 감미로운 말로 들려주지 못했다. 처녀는 답답하고 화가 났다. 청년이 따뜻한 사랑의 말을 잘 건네지 않는데다 가족의 압력을 이겨내야 했던 처녀는 종종 청년에게 분노를 배출하곤 했다. 청년은 오직 침묵으로 견뎠다.

몇 년 후 청년은 대학을 졸업했다. 청년에게는 꿈이 있었다. 해외에 나가 공부하는 일이었다. 청년은 외국으로 떠나기 전에 처녀에게 청혼했다.

"나는 말을 잘하지 못해. 그러나 분명히 말할 수 있는 것은 너를 사랑한다는 거야. 네가 허락한다면 남은 인생 동안 너를 책임지는 반려자가 되고 싶어. 네 가족한테는 내가 잘 말할게. 나와 결혼해 줄래?"

처녀는 청년의 청혼을 받아들였다. 처녀의 가족도 마침내 반대를 포기하고, 두 사람을 결혼을 승낙하였다. 청년이 떠나기 전에 둘은 약혼했다.

청년이 유학 가 있는 동안 처녀는 직장을 다녔다. 두 사람은 이메일과 전화를 통해 사랑을 주고받았다. 힘든 일이었지만, 그들은 잘 이겨냈다.

어느 날 처녀는 일하러 가다 교통사고를 당하고 말았다. 신호를 무시하고 달려오는 차에 치인 것이다. 처녀가 깨어났을 때, 침대 곁에는 그녀의 부모가 근심어린 얼굴로 서 있었다. 자신이 심하게 부상당한 것을 알 수 있었다.

울음을 그치지 않는 엄마를 보고, 처녀는 위로의 말을 건네고 싶었다. 그러나 처녀가 내뱉을 수 있는 말은 오직 한숨소리뿐이었다. 처녀는 목소리를 잃었다.

의사는 사고 때 뇌에 가해진 충격이 목소리를 잃게 했다고 말했다. 처녀의 부모는 그녀를 안심시키려 갖은 노력을 다했다. 하지만 아무 소리도 낼 수 없게 된 처녀는 절망했다.

병원에 머무는 동안 처녀는 눈물로 지샜다. 침묵 속의 울음이 처녀를 더욱 슬프게 하였다. 집에 도착해서도 상황은 매한가지였다. 오직 정적만이 처녀를 감쌌다. 전화 벨소리를 제외하고는.

청년이 걸어오는 전화였다. 전화가 울릴 때마다 처녀의 가슴은 후벼 파이는 것 같았다. 처녀는 사랑하는 사람에게 자신의 불행을 알리고 싶지 않았다. 청년에게 짐이 될 뿐이라고 생각했다.

처녀는 청년에게 더 이상 기다리고 싶지 않다는 편지를 썼다. 그리고 반지를 돌려보냈다.

반대로 청년은 수도 없는 답장을 보내왔다. 하루에 몇 통씩 전화를 걸기도 예사였다. 처녀가 할 수 있는 일은 여전히 울음뿐이었다.

처녀의 부모는 다른 곳으로 이사 가기로 마음먹었다. 처녀가 모든 것을 잊고 행복해질 수 있기를 바라면서.

바뀐 환경 속에서 처녀는 수화를 배우며 새로운 삶을 시작
했다. 처녀는 매일매일 자신에게 청년을 잊어야 한다고
다짐했다.

그런 어느 날이었다. 처녀의 친구가 와서 청년이 돌아
왔다고 말했다. 처녀는 자신의 일을 청년이 알지 못하게
해달라고 친구에게 부탁했다. 그 이후 청년에 대한 소식은
더 이상 없었다.

한 해가 흘렀다. 처녀의 친구가 편지봉투를 하나 들고
왔다. 그 속에는 청년의 결혼식 청첩장이 들어 있었다.

처녀는 억장이 무너지는 듯했다. 마음을 가라앉힌 처녀
는 봉투를 열었다. 봉투 안에 든 청첩장을 꺼내 든 처녀의
눈이 놀란 토끼눈마냥 커졌다. 청첩장에 자신의 이름이
인쇄되어 있었던 것이다.

무슨 일이 일어나고 있는 것인지 묻는 얼굴로 처녀는
친구를 향해 고개를 들었다. 그때였다. 청년이 방안으로
들어섰다. 청년은 수화로 말했다.

"지난 일년 동안 수화를 배웠어. 우리의 약속을 잊지
않고 있다는 것을 네게 알려주기 위해. 내가 너의 목소리
가 될게, 기회를 줘. 사랑해."

그러면서 청년은 처녀의 손가락에 다시 반지를 끼워
주었다.

처녀는 하염없이 기쁨의 눈물을 흘렸다.

내 눈을 부탁해

한 맹인 처녀가 있었다. 그녀는 앞이 보이지 않는다는 이유만으로 자신을 미워했다. 그녀는 사랑하는 남자친구 외에는 모두를 다 미워했다. 남자친구는 언제나 그녀의 곁을 지켰다. 처녀는 만약 자신이 세상을 볼 수만 있다면, 그와 결혼할 것이라고 말하곤 했다.

크리스마스가 가까워오고 있었다. 처녀는 크리스마스에 결혼식을 올리면 얼마나 좋을까 하고 남 몰래 꿈꾸었다.

그러던 어느 날, 처녀는 한 쌍의 눈을 기증받았다. 마침내 세상을 볼 수 있게 된 것이다. 남자친구가 물었다.

"이제 볼 수 있게 되었으니, 나와 결혼해 줄래?"

처녀는 남자친구 역시 맹인이라는 것을 알고는 충격을 받았다. 그는 처녀 때문에 오랜 고통의 시간을 견디느라, 젊은이답지 않게 수척한 모습이었다. 얼굴이 훤칠한 근육질 몸매의 멋진 남자와는 거리가 멀었다. 그저 평범한 사람일 뿐이었다. 처녀는 그와 결혼하지 않겠다며 거절했다.

남자친구는 눈물을 흘리며 그녀의 곁을 떠났다. 어두운 밤거리를 비틀거리며 걸어가는 그의 찢긴 가슴 위로 하염없이 시린 눈물이 흘렀다. 그의 발걸음은 무심코 자신의 외롭고 작은 아파트로 향하고 있었다. 공원을 질러가는 길이었다. 갑자기 그는 방향을 바꾸어 강 쪽으로 향했다. 어둡고 깊은 강이었다.

급류가 굉음을 내며 흘러가는 소리와 커다란 얼음 덩어리가 강가의 바위에 부딪치는 소리가 들렸다. 부모님이 그가 어렸을 때 자주 데려오던 곳이었다. 위험하니 강기슭에 너무 가까이 가지 말라던 부모님의 목소리가 생생했다. '추락할 수 있으니 발 밑을 주의 하시오'라고 씌어 있던 위험 표지판도 생각났다.

그는 뒷주머니에서 지갑을 꺼냈다. 그리고 빈 종이를 한 장 찢어낸 다음 거기에 짧은 글귀를 적었다. 지갑 위에 메모지를 올려놓고 작은 돌멩이로 눌러두었다. 다음 순간 그는 절망에 몸부림치며 강으로 몸을 던졌다.

다음날 아침 사람들은 밤 사이에 세상을 등진 젊은이의 주검을 발견했다. 그가 뛰어내린 곳에는 지갑과 메모지

한 장이 놓여 있었다. 메모지는 밤 사이에 내린 비에 젖어 구겨져 있었지만, 내용을 알아볼 수 있었다.

그것은 여자친구를 위해 맹인의 길을 선택한 불쌍한 청년의 것이었다. 거기에는 이렇게 씌어 있었다.

"내 눈을 잘 부탁해, 사랑하는 사람아. 언제나 영원히 너를 사랑해."

지갑 속에는 또 다른 낡고 구겨진 메모가 들어 있었다. 여자친구에게 자신의 눈을 기증한다는 내용이었다. 여자친구가 결혼해 주지 않으려 하자, 자살을 결심하고 준비한 유언이었다. 그러다 여자친구가 앞을 볼 수 있게 되면 결혼하겠다고 약속하자, 마음을 바꿔먹었다. 여자친구가 자신이 맹인이든 아니든 관계없이 결혼해 줄 것이라는 희망을 키우면서.

그는 부질없는 기다림을 내내 해오다 실연의 아픔 속에서 세상을 뜨고 말았다.

오르페우스와 에우리디케

음악의 신 아폴론과 무사(뮤즈) 여신 칼리오페 사이에서 아들이 태어났다. 그의 이름은 오르페우스였다.

부모의 재능을 물려받은 오르페우스는 리라의 명인이었다. 그가 리라를 켜면 연주소리를 듣기 위해 나뭇가지가 그의 주위를 에워싸고, 사자와 호랑이 같은 맹수들도 온순해졌다. 숲속의 요정과 신들도 그의 연주를 듣기 위해 몰려들었다.

모두가 그에게 연정을 품었지만, 오르페우스의 눈길이 머무는 곳은 오직 요정 에우리디케뿐이었다. 에우리디케를 향한 그의 사랑은 세상 어떤 것과도 바꿀 수 없는 것이었다.

에우리디케도 오르페우스를 사랑했다. 서로 보지 않고는 하루도 견딜 수 없을 만큼 둘의 사랑은 깊었다.

마침내 그들은 결혼식을 올리게 되었다. 모두가 자신의 일인 양 크게 기뻐하였다. 신혼의 단꿈에 젖어 있던 그들에게 불행이 찾아왔다. 결혼한 지 며칠 지나지 않아서였다. 요정 친구들과 숲속에서 놀던 에우리디케에게 반한 양치기가 수작을 걸어왔다. 겁을 집어 먹은 에우리디케는 도망치다가 풀숲에 숨어 있던 뱀에게 물려 죽고 말았다.

오르페우스는 슬픔을 주체할 수가 없었다. 그 처절한 몸부림에 날짐승, 들짐승을 비롯한 모두가 함께 울었다. 몇날며칠 식음을 전폐하며 에우리디케만을 생각하던 오르페우스는 리라를 챙겨들고 일어섰다. 지하세계로 가서 아내를 찾아오기로 결심했던 것이다.

"신들의 행위를 바꿀 수는 없네. 한번 저승에 간 사람은 절대 다시는 돌아올 수 없어."

그의 생각을 전해 들은 사람들은 이렇게 말하며 말렸다.

그러나 아무도 오르페우스의 결심을 바꿀 수는 없었다. 여기저기 수소문한 끝에 그는 지하세계로 들어가는 통로를 알아냈다. 지하세계를 가로막고 있는 스틱스 강에 이르는 유일한 길이었다. 어두컴컴한 동굴로 들어서자 천장에서 물방울이 떨어지고, 박쥐들이 날아다녔다. 용기를 잃지 않고 앞으로 나아간 끝에, 그는 마침내 스틱스 강에 이르렀다.

오르페우스를 보고 뱃사공 카론이 길을 막아섰다. 산

사람은 지하세계에 들어갈 수 없다는 것이었다. 오르페우스는 리라를 켰다.

그러자 카론은 본분을 잊은 채 오르페우스를 배에 태워 강 건너로 데려다주었다. 그곳에 는 머리가 셋 달린 개 세르베루스가 지키고 있었다. 지하 세계의 문을 지키는 무서운 개조차 음악소리에 감전되어 오르페우스가 지나가는 것을 지켜보기만 했다.

지하세계에 들어서자 헤아릴 수 없는 새의 무리처럼 많은 유령들이 조용히 그의 뒤를 따랐다. 마침내 오르페우스는 지하세계의 왕인 하데스와 왕비 페르세포네 앞에 서게 되었다.

자신의 사연을 말하기 전에 오르페우스는 다시 한 번 리라를 켰다. 죽은 자들이 연주를 듣기 위해 모여들었다. 얼음처럼 차갑고 창백하던 하데스와 페르세포네의 얼굴에는 눈물방울이 맺혔다. 오르페우스의 감동적인 사랑과 음악에 취한 두 사람은 에우리디케를 데려가도 좋다고 허락했다.

"그러나 한 가지 조건이 있다. 네 아내는 반드시 네 뒤를 따라가야 한다. 만일 네가 바깥세상에 도착하기 전에 뒤를 돌아보면, 네 아내는 이곳으로 돌아오게 될 것이다."

이렇게 말한 다음, 하데스는 에우리디케를 데려오라고 명령했다.

오르페우스와 에우리디케는 뜨거운 포옹을 나누었다. 그리고 서둘러 지하세계를 빠져나오기 시작하였다. 스틱스 강을 건너 바깥세계로 나가는 좁은 길을 힘겹게 오르는 동안 오르페우스는 한번도 뒤를 돌아보지 않았다. 뒤따라오는 에우리니케의 발걸음 소리가 너무도 희미해 확인해 보고 싶은 마음이 굴뚝 같았지만 참고 참았다.

마침내 동굴 입구에 이르렀다. 어둠이 가시며 밝은 빛이 보였다. 동굴 밖으로 마지막 걸음을 내디뎠다. 그리고 기쁨에 겨워 돌아섰다.

하지만 너무 빨랐다. 에우리디케는 아직 동굴 속이었다. 에우리디케의 손을 잡으려는 순간, 그녀는 빠른 속도로 멀어져갔다.

"에우리디케!"

"안녕!"

아쉬움 묻은 에우리디케의 마지막 인사만이 희미한 메아리로 울려왔다.

에우리디케는 다시 지하세계로 돌아가고 말았다. 오르페우스는 서둘러 오던 길을 되돌아갔다. 그러나 이제는 소용없었다. 스틱스 강의 뱃사공은 리라 소리에도 귀머거리마냥 미동도 하지 않았다. 절망에 빠진 오르페우스는 며칠간 꼼짝하지 않은 채 지옥의 강이 울부짖는 소리를 들었다.

어쩔 수 없이 오르페우스는 고향 트라키아로 돌아 왔다. 그의 노래는 전보다 더 구슬프고 아름다웠다. 오르페우스는 오직 에우리디케만을 생각하며 노래불렀다.

에우리디케 없이 무엇을 할까?
사랑하는 그대 없이 어디로 갈까?
무엇을 할까? 어디로 갈까?
사랑하는 그대 없이 무엇을 할까?
사랑하는 그대 없이 어디로 갈까?

수많은 처녀들이 그에게 구애를 했다. 그러나 누구에게도 눈길 한번 주지 않았다. 모욕당했다고 생각한 처녀들이 그를 죽여 헤브로스 강에 버렸다. 갈기갈기 찢겨 죽은 육신이건만, 그의 입술은 여전히 '에우리디케' 이름을 부르고 있었다.

마즈눈과 라일라

카이스 이븐 알-물라와가 라일라 알-아미리야와 깊은 사랑에 빠졌을 때, 그는 아직 어린 소년이었다. 학교에서 그녀를 본 순간, 그는 자신이 사랑에 빠졌음을 알았다.

그는 라일라에 대한 사랑의 시를 쓰기 시작했다. 그리고 길모퉁이에서 크게 낭독하며 사람들에게 거리낌없이 들려주었다.

이처럼 열정적으로 사랑과 헌신을 표현하는 소년을 사람들은 '미친 사람'이라는 뜻의 마즈눈이라고 부르기 시작했다.

하루는 마즈눈이 용기를 내어 라일라의 아버지를 찾아갔다. 결혼 허락을 받기 위해서였다. 라일라의 아버지는 차갑게 거절했다. 그는 이런 결혼은 스캔들을 일으킬 뿐이라고 생각했다.

모든 사람들이 미쳤다고 하는 남자에게 딸을 시집보내고 싶지 않았다. 결국 라일라는 이웃 마을의 나이든 사람과 결혼을 약속하게 되었다.

마즈눈은 큰 슬픔에 잠겨 집도 가족도 버리고 사막으로 사라졌다. 야생 동물만이 고독한 삶의 동반자였다. 참담한 사막 생활 속에서 그의 유일한 낙은 사랑하는 이를 위해 시를 짓는 일이었다.

라일라는 아버지의 강요로 다른 남자와 결혼하게 되었지만, 마음의 연인은 오직 마즈눈뿐이었다. 그녀는 남편을 조금도 사랑하지 않았다. 그렇지만 순종적인 딸이었던 리일라는 남편에 대한 신의를 지켰다.

라일라가 마침내 결혼했다는 소식은 사막에서 생활하는 마즈눈의 귀에도 전해졌다. 그 소식은 그를 더욱 비탄에 빠뜨렸다.

마즈눈의 부모는 아들을 깊이 그리워하며 매일같이 마즈눈이 무사히 돌아오기를 빌었다. 그들은 언젠가는 아들이 사막을 나와 그들 곁으로 돌아오리라는 희망을 품고, 하루도 거르지 않고 마즈눈에게 먹일 음식을 준비해 두었다.

하지만 마즈눈은 도시의 부모님 댁으로 돌아가기를 거부했다. 극한의 고독 속에서 그를 지탱해 주는 건 오직 시였다. 춥고 외로운 긴 사막의 밤 동안 그의 곁을 지키는 건 야생 동물뿐이었다.

마즈눈은 종종 도시로 향하는 여행자들에게 목격되었다. 여행자들은 마즈눈이 홀로 시를 낭독하거나, 긴 막대로 모래 위에 시를 쓰며 시간을 보낸다고 전했다. 실연의 아픔으로 미치광이가 되어버린 것 같다는 소식도 돌았다.

여러 해가 지났다. 마즈눈의 부모 모두 세상을 떠나고 말았다.

마즈눈의 효심을 잘 알고 있던 라일라는 이 비보를 그에게 전하기로 마음먹었다. 마침내 그녀는 사막에서 마즈눈을 보았다는 노인을 찾아냈다. 라일라의 눈물겨운 애걸 끝에, 노인은 다음 여행길에 마즈눈에게 소식을 전해 주겠다고 약속했다.

노인은 사막을 지나는 길에 마즈눈에게 부모의 사망 소식을 전했다. 노인은 젊은 시인이 견딜 수 없는 슬픔에 다시금 무너지는 모습을 속절없이 지켜보아야 했다.

후회와 상심으로 마즈눈은 내면의 세계로 더욱 깊이 빠져들었다. 그리고 죽을 때까지 사막을 떠나지 않으리라 맹세했다.

또 다시 몇 년이 흘렀다. 라일라의 남편이 세상을 떠났다. 라일라는 여전히 고운 자태를 간직한 젊은 여인이었다. 그녀는 마침내 자신의 진정한 연인과 여생을 함께할 수 있으리라는 희망을 품었다.

하지만 전통은 이를 허락하지 않았다. 라일라는 2년 동안 다른 사람과 접촉할 수 없었다. 오직 죽은 남편을 기리며 집안에 홀로 머물러야 했다.

2년이나 더 마즈눈을 만나지 못하는 것은 라일라에게 감당하기 힘든 고통이었다. 일생을 떨어져 지냈음에도 여전히 사랑하는 연인을 만나지 못하고, 2년의 고독을 더 감내해야 하는 현실은 라일라에게서 삶의 의지를 앗아갔다.

라일라는 결국 다시는 마즈눈을 볼 수 없었다. 그녀는 자신의 집에서 홀로 쓸쓸히 눈을 감았다.

뒤늦게 라일라의 죽음을 안 마즈눈은 곧바로 라일라의 묘지로 달려갔다. 슬픔에 지쳐 사랑하는 이의 뒤를 따를 때까지, 그는 울고 또 울었다. 슬픈 노랫소리만이 허공을 맴돌았다.

벽 앞을 지나가네, 라일라의 벽 앞을.

이 벽, 저 벽에 입 맞추며.

내 맘을 사로잡은 것은 집이 아니라네.

벽 안에 사는 아리따운 여인이라네.

평생을 찾아 헤맨 사랑

시계가 8시 반쯤을 가리키고 있는 바쁜 아침이었다. 80대로 보이는 한 노신사가 엄지손가락의 실밥을 제거하러 왔다. 그는 9시에 약속이 있어 서둘러야 한다고 나를 채근했다.

혈압과 체온 등을 검사한 후 자리로 안내했다. 지금 내가 진찰하지 않으면, 그는 한 시간 넘게 다른 의사를 기다려야 할 터였다. 초조하게 시계를 보는 노신사의 모습을 보고, 아직 시간 여유가 있는 내가 그의 상처를 살펴보기로 결정했다. 다행히 상처는 잘 아물어 있었다. 실밥을 제거하고 상처를 소독하면 되었다. 수습의를 불러 치료에 필요한 준비를 부탁했다.

상처 부위를 살피는 동안 우리는 이야기를 나누었다. 그가 그토록 서두르는 이유가 궁금해서 이후에 다른 진료가 있는지 물었다. 신사는 고개를 저었다. 요양원에 있는 아내와 아침을 먹기 위해서라는 대답이 돌아왔다.

"할머니께서 많이 편찮으신가요?"

내 물음에 그는 아내가 알츠하이머에 걸린 지 한참 되었다고 알려주었다.

"늦으면 할머니께서 화를 내시는 모양이지요?"

내가 다시 물었다. 그의 대답은 놀라웠다. 그녀는 더 이상 자신을 알아보지 못하며, 그렇게 된 지도 이미 5년이 다 되었다는 것이다.

나는 깜짝 놀라며 물었다.

"그런데도 선생님은 매일 아침, 할머니를 만나러 가시는 겁니까? 알아보지 못하셔도요?"

그는 미소 띤 얼굴로 내 손을 다독이며 말했다.

"아내는 나를 못 알아보지만, 나는 그녀가 누구인지 알고 있으니까요."

나는 그가 떠날 때까지 눈물을 참으려 애썼다. 그리고 생각했다.

'이거야말로 내가 평생 찾아 헤매던 사랑이야.'

불만 목록

한 남자가 연인과 결혼식을 올렸다. 성대한 잔치였다.

온 가족과 친구들이 행복한 신혼 부부를 축하하기 위해 모였다. 순백의 웨딩 드레스를 입은 신부는 아름다웠고, 까만 정장을 차려 입은 신랑은 늠름했다. 모두가 입을 모아 둘의 진실한 사랑을 칭찬했다.

몇 달이 지나, 아내가 남편에게 한 가지 제안을 했다.

"한참 전에 잡지에서 읽은 건데, 우리 결혼 생활을 더 돈독하게 만들어주는 방법이 있대요. 먼저 서로에 대해 갖고 있는 불만을 쭉 적는 거예요. 그러고 나서 그걸 어떻게 고치고, 우리 삶을 더 행복하게 만들어갈 방법을 얘기해 보면 어떨까요?"

남편도 아내의 제안에 동의했다. 둘은 각자 다른 방에서 서로에 대한 불만을 적기 시작했다. 두 사람은 남은 하루 내내 골똘히 고민하면서 목록을 채워나갔다. 다음날, 아침을 먹으면서 부부는 목록을 같이 확인해 보기로 했다.

"내가 먼저 시작할게요."

아내가 말했다. 아내의 목록은 백지 세 장을 가득 채우고 있었다. 그녀를 괴롭히는 사소한 것들의 목록을 읽어 나가는 사이, 아내는 남편의 눈에 눈물이 고이는 것을 알아차렸다.

"무슨 일이에요?"

아내가 물었다.

"아무 것도 아니야."

남편이 대답했다.

"계속 읽어요."

아내는 계속해서 읽어 나갔다. 마침내 마지막 장 마지막 문장까지 읽고는 종이를 덮어 탁자 위에 올려놓았다.

"자, 이제 당신 걸 읽어봐요. 그 다음에 함께 이야기를 나눠요."

아내는 즐거워하며 말했다. 남편은 조용히 이야기를 시작했다.

"내 목록에는 아무 것도 없어요. 당신이 그 자체로 완벽하다고 생각하거든. 나는 당신이 나를 위해 변하기를 원하지 않아요. 사랑스럽고 멋진 당신을 변화시키려 하지 않을 거예요."

아내는 남편의 솔직함과 깊은 사랑에 크게 감동받았다. 그녀는 사랑하는 남편의 어깨에 머리를 기대고 흐느껴 울었다.

절벽 위의 꽃

내 남편은 소프트웨어 엔지니어다. 나는 그의 우직한 성품과 너른 어깨에 기댔을 때 느껴지는 든든함을 사랑했다.

2년 동안의 연애를 거쳐 결혼한 지 5년에 이르는 지금, 나는 점차 지겨워지고 있다는 사실을 인정해야겠다. 내가 이전에 그를 사랑했던 이유들이 이제는 나를 짜증나게 하는 원인이 되고 있다.

나는 매우 감성적인 사람이라서 사람 관계와 순간 순간의 감정에 극도로 예민하다. 나는 어린 아이가 사탕을 원하는 것처럼 낭만적인 순간을 갈망한다. 하지만 남편은 나와 정반대다.

그는 선천적으로 감수성이 부족했고, 낭만을 몰랐다. 무미건조한 결혼 생활은 사랑에 대한 나의 환상을 무참히 깨뜨렸다.

마침내 용기를 내어 그에게 결심을 이야기했다. 이혼하고 싶다고.

"도대체 왜?"

그는 충격 받은 얼굴로 물었다.

"나는 지쳤어. 그리고 이 세상에 일어나는 모든 일에 다 이유가 있는 건 아니야!"

나는 대답했다. 그는 그날 밤 내내 침묵을 지켰다. 깊은 생각에 빠진 것 같았다.

나의 실망감은 더 커져갈 뿐이었다. 이 남자는 이혼의 위기 앞에서도 목석 같았다. 이런 사람에게 더 이상 뭘 바라겠는가?

마침내 그가 물었다.

"내가 뭘 하면 당신 마음을 돌릴 수 있을까?"

누군가의 말이 맞았다. 사람의 성격은 잘 변하지 않는다. 나는 남편에 대한 신뢰를 잃어가고 있었다. 남편의 눈을 들여다보며, 나는 천천히 말했다.

"질문을 하나 할게. 당신이 나를 설득할 수 있다면, 마음을 바꿀 거야. 내가 절벽에 핀 꽃 한 송이를 원한다고 가정해 봐. 우리 둘 다 그걸 꺾으면 목숨을 잃을 거라는 걸 알고 있어. 그래도 나를 위해 꽃을 꺾으러 갈 거야?"

잠시 뭔가를 생각하던 그의 말을 듣는 순간 실낱 같은

희망마저 툭 끊어졌다.

"내일 대답해 줄게."

다음날 아침 일어나 보니 남편이 없었다. 나는 식탁에 놓인 우유잔 밑에서 남편이 쓴 편지를 발견했다.

"여보, 나는 당신을 위해 그 꽃을 꺾으러 가지는 않을 거야. 하지만 당신이 그 이유를 알아줬으면 좋겠어."

첫 번째 문장에서 이미 내 마음은 산산조각이 났다. 하지만 계속해서 읽었다.

"당신은 컴퓨터를 쓰다가 늘 소프트웨어 프로그램을 고장내고는 모니터 앞에서 절규하지. 나는 내 손가락을 아껴야 돼. 그래야 당신 컴퓨터를 고쳐줄 수 있으니까.

당신은 언제나 외출할 때 열쇠를 갖고 나오는 걸 잊어버리지. 내 다리는 그럴 때 꼭 필요해. 얼른 집으로 달려가서 당신을 위해 문을 열어줘야 하거든.

당신은 여행을 좋아하지만 새로운 도시에 가면 언제나 길을 잃어버리지. 그럴 때 당신을 안내해 주기 위해서 나는 내 눈이 필요해.

당신은 한 달에 한 번 '오랜 친구'가 찾아올 때마다 생리통에 몸부림치잖아. 그래서 나는 손바닥이 필요해. 당신이 아파할 때 배를 문질러줘야 하니까.

당신은 집안에 있는 걸 좋아하는데, 그러다 당신이 자폐증에 걸리지 않을까 걱정이야. 그래서 나는 내 입이 필요해. 입이 있어야 농담도 하고, 이야기도 들려주면서 당신의 지루함을 달래줄 수 있지 않겠어?

당신은 하루종일 컴퓨터 앞에서 사는데, 그건 눈에 정말 안 좋아. 나는 눈을 잘 보호해서 우리가 나중에 나이 들면, 당신 손톱도 깎아주고 흰 머리도 뽑아줄 거야. 그리고 당신 손을 잡고 바닷가로 산책을 나가서, 햇볕도 듬뿍 쬐고 아름다운 백사장도 밟게 해줘야지.

그러니까 여보, 나보다 더 당신을 사랑해 줄 다른 사람이 있다는 확신이 없는 한, 나는 그 꽃을 꺾으러 가서 죽을 수는 없어."

눈물이 편지에 떨어져 잉크가 번져나갔다. 나는 계속해서 남은 편지를 읽었다.

"자, 내 대답이 만족스러웠다면 현관문을 열어줘. 그럼 내가 당신이 제일 좋아하는 빵이랑 신선한 우유를 들고 서 있을 거야."

나는 서둘러 문을 열었다. 거기에는 근심 가득한 표정의 남편이 우유병과 빵을 꼭 쥔 채 서 있었다. 나는 이제 그보다 더 나를 사랑해 줄 사람은 없다는 걸 확신한다. 더 이상 절벽 위에 위태롭게 핀 꽃으로 그의 사랑을 시험할 필요는 없을 것이다.

종이학

한 처녀와 깊이 사랑에 빠진 한 남자가 있었다. 남자는 처녀를 위해 종이학 천 마리를 접었다. 그는 아직은 새파란 신입사원에 불과하고, 뚜렷이 보장된 앞날도 없었다. 하지만 모든 것에 만족했다. 무엇보다 그에게는 사랑하는 사람이 있고, 둘이 함께라면 언제나 행복했다.

그러던 어느 날이었다. 처녀는 돌연 고향을 떠나 먼 도시 파리로 떠나겠다고 선언했다. 새로운 도시에서 새로운 삶을 살아보고 싶노라고, 다시는 돌아오지 않겠노라고 했다. 미래가 없는 가난한 남자에게 자신의 장래를 맡기고 싶지 않다고 단호히 말했다.

남자는 사랑하는 이의 입에서 나오는 말들이 도저히 믿기지 않아, 그저 눈물만 떨굴 뿐이었다. 지금껏 그녀는 그의 꿈이었고, 연인이었으며, 친구였다. 실로 그의 모든 것이었다.

지금까지 그가 살아온 세계는 밝고 행복한 곳이었다. 한순간에 온통 슬픔 가득한 어두운 세계가 되어버렸다.

세상에 어떤 힘든 일이 있어도 견뎌낼 수 있게 하는 것이 사랑이라 믿었는데. 심장이 갈가리 찢겨 나가는 듯했다.

처녀가 떠난 지 하루 이틀이 지나고, 그렇게 몇 달이 흘러갔다. 그래도 그녀를 사랑하는 마음은 한결같았다. 시련의 상처를 잊으려는 듯 남자는 미치도록 일과 성공에 매달렸다. 그녀가 잘못 생각했음을, 그에게 꿈이 없다는 말이 틀렸음을 보란 듯이 증명해 보이고 싶었다. 세상 그 어떤 높은 지위라도 오를 수 있음을 보여주고 싶었다. 혼신의 힘을 다해 일에 매진한 결과, 남자는 회사를 설립할 수 있게 되었다. 어엿한 기업인이 된 것이다.

비가 내리는 어느 날이었다. 빗길을 조심스레 운전하던 남자의 눈에 우산을 쓴 채 어딘가로 향하는 노부부의 모습이 스쳤다. 짧은 순간이었지만 그들이 누구인지 떠올릴 수 있었다. 익숙한 얼굴과 뒷모습... 바로 그가 그토록 사랑했던 처녀의 부모님이었다.

궁금한 마음에 남자는 노부부를 천천히 뒤따라가 보았다. 아마도 내심 자신이 얼마나 성공했는지 한 번쯤 보여주고 싶었는지 모른다. 고급 자동차와 집은 물론이고 번듯한 회사까지 경영하게 되었으니 많은 것을 이룬 셈

이었다.

그러나 눈앞에 펼쳐지는 모습에 남자는 혼란스러웠다. 노부부가 향하는 곳은 다름아닌 공동묘지였다. 이상한 예감에 그는 충동적으로 차문을 박차고 나와 노부부의 뒤를 따랐다.

그녀가 그곳에 있었다. 심장이 세차게 요동쳤다. 눈앞의 광경이 도저히 믿기지 않았다. 뜨거운 눈물이 얼굴을 타고 흘렀다. 남자를 향해 환하게 미소짓는 처녀의 사진이 보였다. 무덤가에는 언젠가 그가 접어 건네준 종이학이 놓여 있었다.

그의 존재를 알아차렸는지 처녀의 부모님이 조용히 뒤를 돌아보았다. 남자는 진실을 물어보지 않을 수 없었다. 사실 처녀는 파리로 떠난 것이 아니었다. 암에 걸린 처녀가 지어낸 흔한 핑계였을 뿐이다. 그녀가 아는 남자는 분명히 꿈을 이룰 전도유망한 사람이었다. 죽어가는 자신의 존재가 남자에게 걸림돌이 되지 않기를 바라는 마음에서 꾸며낸 이별의 구실이었다. 마지막 순간까지 사랑하는 사람 곁에 있고 싶었지만, 그 사람이 자신 때문에 고통스러워하고 좌절하는 모습을 보고 싶지 않았다. 그래서 이별을 고하고 떠나기로 결심했던 것이다.

누군가가 자신이 바라는 방식으로 사랑해 주지 않는다고 해서, 사랑하지 않는 것은 아닐 것이다. 처녀는 자신의 곁에 종이학을 놓아 달라고 부모님께 부탁드렸다. 언제나 가까이서 그의 존재를 느끼고 싶었던 것이다. 처녀 역시 모든 것을 바쳐 남자를 사랑했다. 그녀에게 그가 얼마나 큰 의미였는지, 늦었지만 남자는 분명히 느낄 수 있었다.

침묵 속에서 그는 오열했다. 그리고 나지막이 읊조렸다.

"지금껏 모든 것을 다 이루었다고 생각했는데... 이제야 알겠어. 내 삶에서 놓친 단 한 가지, 그게 바로 당신이라는 것을."

고통 속에서 피어난 꽃

오, 내 사랑 그대, 향기로운 샛별이여!
내 사랑하는 아침 별, 저녁 별아!

미국 문학을 개척한 시인 롱펠로의 유일한 사랑의 소네트 〈저녁 별〉에 나오는 구절이다. 두 해 전에 결혼한 아내 패니에게 바친 헌시다.

롱펠로는 7년간의 끈질긴 구애 끝에 부유한 사업가의 딸인 프랜시스 패니 애플턴과 결혼에 골인하게 된다. 패니와의 결혼을 통해 롱펠로는 오랜 방황을 접고 안정을 찾게 된다.

롱펠로는 스물네 살 때 이미 결혼을 한 몸이었다. 어린 시절의 친구였던 메리 포터와 결혼하였으나, 이미 이때부터 그에게는 불행의 그림자가 드리우기 시작했다. 그가 유럽을 여행하고 있던 도중 아내 메리가 임신한 아이를 유산하고 세상을 떴던 것이다. 불과 4년 남짓한 결혼 생활이었다.

급작스러운 아내의 죽음은 시인에게 큰 충격이었다. 메리가 세상을 뜬 지 3년 후, 롱펠로는 메리와의 사랑을 담은 〈천사의 발자국〉을 썼다. 패니와 재혼해 평화를 찾은 후에는 못 다한 사랑의 아픔을 승화시킨 서사시 〈에반젤린〉을 세상에 내놓았다.

그런데 롱펠로의 불행은 그게 끝이 아니었다. 행복한 결혼 생활이 이어지던 1861년 7월 9일의 일이다. 롱펠로의 아내 패니가 밀초에 불을 붙이다 화상을 입고 사망하는 비극이 발생하였다. 불은 삽시간에 그녀의 드레스를 휘감고 타올랐다. 미처 손쓸 사이도 없었다. 롱펠로가 불을 끄려고 혼신의 노력을 다하였으나 속수무책이었다. 그도 손과 얼굴에 화상을 입었다. 전신에 심한 화상을 입은 패니는 다음날 숨을 거두었다.

롱펠로는 또 한 번 큰 충격을 받았다. 그 충격의 세기가 너무 깊어서 평생을 두고 헤어날 수 없었다. 한동안 그는 폐인처럼 지냈다.

얼마나 힘든 역경을 거쳐 다다른 결혼이었던가! 또 얼마나 깊이 아내를 사랑했던가! 패니와 사귀는 동안 롱펠로는 자신이 교수로 재직중이던 하버드 대학교에서 보스턴 시내에 자리한 패니의 집까지 걸어 다녔다. 도중에 찰스 강 위에 놓인 웨스트 보스턴 다리를 건너야 하는 먼 거리였다. 이 다리는 1906년에 다시 가설되면서 롱펠로 다리로 불리고 있다.

엎친 데 덮친 격이란 이런 경우를 두고 이르는 말인가? 패니의 죽음이 비극의 끝이 아니었다. 이태 후에 큰아들 찰스가 롱펠로 몰래 북군에 입대하였다. 미국은 남북전쟁중이었다. 찰스는 입대한 지 몇 달 만에 전투에서 큰 부상을 당하였다.

크게 상심한 그에게 회의가 밀려왔다. 과연 세상에 평화라는 게 존재하는 걸까? 크리스마스가 다가오고 있었다. 깊은 슬픔과 절망에 빠져 있는 그에게 크리스마스 종소리가 들려왔다. 종소리가 그에게 영감을 불러일으켰다. 그는 한달음에 시를 적어 내려갔다.

크리스마스 날, 종소리가 들려오네.

귀에 익은 캐럴이 울려 퍼지네.

요란하고 달콤하게

노래 가사가 반복되네.

땅에는 평화, 사람들에게는 선행을!

.....

절망에 못 이겨 나는 고개를 숙이네.

나는 말하네, 지구상에 평화는 없다고.

"증오가 강력해서

이런 노래는 비웃음을 살 뿐이네.

땅에는 평화, 사람들에게는 선행을!"

그러자 종소리가 더 크고 깊게 울려오네.

"신은 죽지도 잠들지도 않았다고.

그른 것은 실패하고,

옳은 것이 승리할 것이라고.

땅의 평화와 사람들의 선행으로."

〈크리스마스 종소리〉라는 시였다. 고통 속에서 피어난 시지만, 인간 사이의 평화를 바라는 새로운 희망의 종소리와 함께 끝을 맺고 있다.

롱펠로는 어느 누구보다도 정신적으로 견디기 힘든 삶

을 살았다. 하지만, 그의 고통은 가시덤불 속의 장미처럼 위대한 문학작품으로 영롱한 꽃을 피웠다.

몇 해 후 존 밥티스트 캘킨이라는 영국 음악가가 이 시에 아름다운 멜로디를 입혔다. 그리하여 〈크리스마스에 종소리가 들리네〉라는 캐럴로 다시 태어났다. 많은 사람들의 사랑을 받는 노래의 하나로서, 숱한 뮤지션들이 이 노래를 취입하였다. 엘비스 프레슬리도 그들 가운데 한 사람이다.

모든 생명은
한 형제

우리는 이 땅의 일부고, 이 땅은 우리의 일부다.
향기로운 꽃은 우리의 자매고,
사슴, 말, 위대한 독수리는 우리의 형제다.

– 테드 페리가 각색한 시애틀 추장의 말

개 우리 속의 수의사

2016년 1월 29일 금요일 밤이었다. 조지아 주 앨버턴에 자리한 그래니트힐스 가축병원에 한 통의 전화가 걸려왔다.

"길에서 쓰러진 개 한 마리를 발견했는데, 많이 아픈 것 같아요. 제가 돌볼 수 있는 상태가 아니라서요. 도움을 주실 수 있을까요?"

다급한 부인의 목소리였다. 퇴근시간이 다 되어 뒷정리를 하고 있던 가축병원의 마티스 원장은 기다리겠다며 전화를 끊었다.

잠시 후 전화를 건 부인이 작은 개 한 마리를 데리고 병원 문을 들어섰다. 두 살 남짓 된 핏불 테리어였다.

목줄을 차고 있는 것으로 보아 유기견이 분명했다. 얼마나 오랫동안 굶주렸는지 피골이 상접했다. 정상 몸무게의 절반 정도밖에 나가지 않았다. 탈수증과 저체온증도 심했다. 질까지 밖으로 빠져나와 있어 살릴 수 있을지 의문이 들었다.

희망이 없어 보였다. 게다가 작은 가축병원의 의료기구로는 개를 치료할 방도가 없었다. 카운티 안에 버려진 동물을 돌보는 동물보호소가 있지만, 금요일에는 일찍 문을 닫는데다 의료시설은 갖추고 있지 않았다. 동물보호소는 해결방안이 못되었다.

우선 간단한 응급처치를 끝낸 후, 그는 골똘히 생각에 잠겼다. 살 가망이 없는 바에야 차라리 고통 없이 생을 마감하게 하는 게 낫지 않을까 하는 생각도 들었다.

고심 끝에 그는 페이스북에 글을 올렸다. 상황을 설명하고 어떻게 하는 게 최선인지 친구들의 자문을 구했다.

"여러분들의 의견을 구합니다. 현실적으로 생각하면 개를 안락사시키는 게 맞습니다. 하지만, 수의사인 나로서는 개한테 기회를 주고 싶습니다. 어떻게 하는 게 좋을까요?"

"노력해 보세요. 살 가망이 있으면 살려야지요."

친구들의 말에 용기를 얻은 그는 조지아 대학교 수의과 대학 부속병원으로 개를 데려갔다. 신속한 치료 덕분에 개는 체온이 회복되고 탈수 증상도 멎었다. 수술을 통해 빠져나온 질도 원상 회복되었다.

그 사이에 페이스북에서는 친구들이 모금 활동을 시작하였다. 수술을 하고 치료를 받는 데 적지 않은 돈이 들기 때문이었다. 그리고 그레이시 클레어라는 이름을 지어주었다. 개가 수술을 받다 죽을 가능성이 있기 때문에, 이름이라도 지어주자고 의견을 모았다. 그레이시라는 이름은 개의 털이 회색이기 때문이고, 이중 이름을 붙이는 것은 그 지방의 관례였다.

수술후 마티스 원장이 그레이시를 자신의 병원으로 데려간 것은 1월 31일이었다. 그레이시는 조금씩 안정을 찾아갔다. 그러나 여전히 심한 트라우마에 시달리고 있었다.

그레이시는 사람이 곁에 있으면 불안해 하고, 먹이도 전혀 먹으려 하지 않았다. 그레이시가 하루빨리 사람을 신뢰하고, 주위환경에 적응하는 게 필요했다. 마티스 원장에게 한 가지 묘안이 떠올랐다.

식사시간이 되자, 그는 그레이시가 있는 우리 안으로 들어갔다. 손에는 개밥 그릇이 두 개 들려 있었다. 그가 우리 안으로 들어가자, 그레이시는 뒷걸음질해 우리 구석에 쭈그려앉았다. 자리에 앉은 그는 태연스레 개밥 그릇 속의 음식을 먹기 시작하였다. 그레이시에게는 다른 그릇에 담긴 먹이를 손으로 떠먹였다.

그는 식사시간마다 우리 속으로 들어가 그레이시와 함께 밥을 먹었다. 구석에 웅크리고 있던 그레이시는 점차 앞으로 기어나와 그가 떠먹여주는 먹이를 받아먹었다. 그리고 먹이를 다 먹으면 구석으로 돌아갔다.

그는 우리 안에서 밥을 먹고 커피를 마셨다. 그리고 그레이시를 다정스레 쓰다듬으며 말했다.

"네가 밥 먹는 동안 내가 같이 있어줄게."

그레이시와 일상을 공유하고 교감하려는 그의 노력은 계속되었다. 자신이 우리 안에 그레이시와 함께 있을 때, 우리 바깥에 사람들이 지나다니도록 하고, 다른 동물들이 우리 안을 들여다보게도 했다. 그레이시를 사회에 적응시키기 위한 배려였다.

십여 일 후 그레이시는 다른 개들이 있는 우리 곁으로 옮겨졌다. 다른 개들이 노는 모습을 지켜보는 그레이시의 모습에서 불안의 그림자는 차츰 줄어들었다. 그레이시는 바깥 나들이를 시작하고, 자연스레 다른 동물들과 어울려 지내게 되었다.

몸과 마음의 건강을 되찾은 그레이시는 마침내 따뜻한 새 보금자리를 찾을 수 있었다. 많은 사람들이 그레이시를 입양하고 싶다는 연락을 해왔던 것이다. 그레이시와 마티스 원장의 이야기가 페이스북 등을 통해 퍼져나가면서 사회적 관심이 높아진 덕분이다.

"보살필 사람이 없고 아무도 관심을 갖지 않는 애완동물이 참 많습니다. 그레이시의 이야기가 그들의 존재를 알리는 계기가 되었습니다."

그레이시에게 보내준 사람들의 성원에 감사하는 마티스 원장의 인사다.

유기동물의 수양 엄마

2003년, 영국 워릭셔 경찰은 정원 우리 안에 갇혀 두려움에 떨고 있는 개 한 마리를 발견하였다. 우리가 잠겨 있는 것으로 보아 버려진 개였다. 먹을 것을 제대로 먹지 못해 영양실조에 걸려 있었다.

그레이하운드 암컷이었다. 불쌍히 여긴 경찰은 개를 가까운 야생동물보호소에 데려다주었다. 그곳은 버려지거나 어미를 잃은 동물을 돌보는 곳이었다.

동물을 인계받은 보호소 직원들이 우선적으로 해야 할 일은 두 가지였다. 첫째는 완전한 건강을 찾아주는 것, 둘째는 신뢰를 얻는 것이었다. 그 개는 심하게 학대받은 상태여서 목표를 달성하는 데 꽤 여러 주가 걸렸다. 그렇지만 결과적으로 두 가지 모두 성공적으로 달성되었다.

보호소는 그 개한테 재스민이라는 이름을 붙여주었다. 그리고 개가 안정을 찾는 대로 입양할 곳을 알아보려 하였다.

그러나 재스민은 마치 다른 생각이라도 있다는 듯이

행동하였다. 언제부터 재스민이 특이한 모습을 보였는지
는 분명하지 않다. 그렇지만 보호소에 들어오는 동물들을
반갑게 맞아주는 재스민의 애정어린 행동이 차츰 직원들
의 눈에 띄기 시작하였다. 동물이 강아지든 새끼 여우든
토끼든 중요하지 않았다. 재스민은 동물이 들어 있는 상자
나 새장을 유심히 들여다보고, 환영하는 의미로 정성껏
핥아주었다.

지오프는 보호소 직원의 한 사람이다. 그는 비교적 초기
에 자신이 목격한 사건을 뚜렷이 기억하고 있었다.

"강아지 두 마리가 새로 들어왔어요. 근처 철길에 버려져
있던 녀석들이죠. 한 마리는 레이크랜드 테리어고, 한 마
리는 잭 러셀 도베르만이었어요. 아주 작은 새끼 강아지들
이었죠. 강아지들이 보호소에 도착하자, 재스민이 다가가
더군요. 한 마리의 목덜미를 입으로 물더니 소파 위로 가
져다 놓는 거예요. 이어서 다른 강아지도 소파로 데려갔
지요. 그러더니 강아지들을 포근히 감싸주더군요."

재스민은 강아지뿐 아니라 모든 동물을 반갑게 맞고, 따
뜻이 대해 주었다. 새로 오는 동물들이 스트레스를 받지
않도록 배려하였다. 자신을 친근하게 느끼도록 애정을

베풀고, 동물들이 새로운 환경에 적응하도록 도왔다.

"재스민은 여우나 오소리 새끼도 똑같이 대했어요. 토끼와 기니피그 같은 동물을 정성스레 핥아주는가 하면, 새들한테는 자신의 콧날을 횃대처럼 만들어 그 위에 있도록 해주더군요."

지오프의 또 다른 증언이다.

학대받고 버려졌던, 잔뜩 겁에 질려 있던 유기견이 동물보호소의 상주 대리모로 변신했던 것이다. 마치 그 같은 역할을 위해 세상에 태어난 것처럼.

재스민이 돌본 동물을 얼추 헤아려보면 새끼 여우 다섯 마리, 새끼 오소리 네 마리, 새끼 새 열다섯 마리, 기니피그 여덟 마리, 강아지 두 마리, 토끼 열다섯 마리에 이른다.

한번은 브램블이라는 이름의 태어난 지 11주된 새끼 노루가 들에서 반의식불명 상태로 발견된 일이 있었다. 브램블이 보호소에 도착하자, 재스민은 몸이 아픈 새끼 노루를 따뜻이 해주기 위해 먼저 자신의 몸을 밀착해 감싸 주었다. 그러고는 이내 온전한 수양엄마의 역할로 나아갔다. 그레이하운드 재스민은 노루 브램블에게 모든 애정을 쏟고, 자신과의 스킨십에서 편안함을 느끼도록 해주었다.

재스민은 2011년 10월 세상을 떴다.

가뭄

　지독한 가뭄이 계속되고 있었다. 한 달이 다 가도록 비 소식이 없었다. 곡식들은 말라 죽어갔다. 소는 더 이상 우유를 만들지 못했다.

　계곡물과 강물은 땅 속으로 자취를 감춘 지 오래였다. 이대로 가다가는 가뭄이 끝나기 전에 농부들이 파산을 면치 못할 것이 빤했다.

　남편과 시동생들은 밭에 물을 주기 위해 온갖 고생을 다했다. 근래에는 트럭을 타고 인근 수력발전소에 가서 물을 얻어오곤 했다.

　하지만 그마저 곧 끊기고 말았다. 비가 오지 않는다면, 모든 것을 잃게 될 참이었다.

　찌는 듯한 폭염이 이어지던 어느 날이었다. 부엌에서 점심 요리를 준비하고 있는데, 어린 아들 빌리가 숲속으로 들어가는 것이 눈에 띄었다. 여섯 살 빌리의 걸음걸이는 여느 때와는 달랐다. 뒷모습을 보았을 뿐이지만, 걸음걸이가 무척 힘겨워 보였다. 되도록 움직이지 않으려 애쓰는 게 느껴졌다.

숲속으로 사라진 지 몇 분 지난 다음, 그는 집을 향해 달려 나왔다. 빌리가 하던 일이 마무리된 모양이라 생각했다. 나는 다시 샌드위치 만들기에 열중했다.

그런데 얼마 뒤에 빌리가 다시 예의 그 느릿하고 조심스러운 발걸음으로 숲을 향해 걸어가는 것 아닌가. 천천히 숲속으로 들어갔다가 다시 집으로 달려오기를 한동안 계속했다.

호기심을 억누를 수 없었다. 집 밖으로 나와 살금살금 빌리의 뒤를 밟았다. 빌리에게 들키지 않으려고 조심했다. 빌리가 무슨 중요한 일을 하고 있다는 생각이 든데다, 자신의 일에 엄마가 참견하는 것을 원치 않을 것이기 때문이었다.

빌리는 두 손에 담긴 물을 흘리지 않으려 애쓰며 조심스럽게 걸어갔다. 작은 아이의 손에 담긴 물은 기껏 해야 두세 숟가락 정도의 양이었다. 빌리가 숲속으로 들어가자, 나는 몸을 숨기고 좀더 가까이 다가갔다. 나뭇가지가 빌리의 얼굴을 때렸지만, 아이는 피하지 않았다.

빌리에게는 더 중요한 일이 있었던 것이다. 정말이지

놀라운 장면이 펼쳐졌다.

커다란 사슴 몇 마리가 빌리 앞에 모습을 드러냈다. 빌리는 망설이지 않고 사슴에게 다가갔다. 나는 빌리에게 도망치라고 소리를 지를 뻔했다. 정교한 뿔을 가진 큰 수사슴이 위험할 정도로 가까이에 있었다. 하지만 수사슴은 빌리를 위협하려 하지 않았다. 아이가 무릎을 꿇을 때까지 사슴은 꼼짝도 하지 않았다.

그때 나는 바닥에 누워 있는 작은 아기 사슴을 보았다. 탈수와 열사병으로 고통스러워하는 그 어린 생명은 빌리의 손에 담긴 물을 마시기 위해 고개를 드는 것조차 힘겨워 보였다.

아기 사슴에게 물을 먹인 빌리는 벌떡 일어나 다시 집으로 달려갔다. 나는 반사적으로 나무 뒤에 몸을 숨겼다. 그리고 조심조심 아이의 뒤를 따라갔다.

수돗가에 도착한 빌리가 수도꼭지를 끝까지 돌리자 물방울이 한두 방울씩 떨어지기 시작하였다. 아이는 뜨거운 햇볕이 작은 등을 찌르는데도 아랑곳하지 않고, 손으로 만든 컵에 물이 가득 찰 때까지 참을성 있게 기다렸다.

나는 불현듯 깨달았다. 몇 주 전에 빌리는 호스를 가지고 놀다가 호되게 혼난 적이 있었다. 우리 부부는 빌리에게 물을 낭비해서는 절대 안된다고 주의를 주었다. 그래서 빌리는 내게 도움을 청하지 않았던 것이다. 물방울이 아이의 작은 손을 가득 채우기까지 몇 분이 걸렸다.

마침내 빌리가 다시 숲으로 돌아가기 위해 몸을 일으켰을 때, 나는 그 앞에 서 있었다. 아이의 두 눈이 눈물로 가득 찼다.

"물을 낭비하려는 것이 아니에요."

빌리가 한 말은 그게 다였다. 아이가 숲을 향해 걷기 시작하자, 나도 그 뒤를 따랐다. 이번에는 부엌에서 가져온 작은 주전자를 든 채였다. 나는 빌리가 아기 사슴을 보살피는 것을 멀찍이서 바라보았다. 그건 엄연히 빌리의 일이었다.

다른 생명을 살리기 위해 애쓰는 어린아이의 아름다운 마음씨에 내 눈시울이 붉어졌다. 이내 눈물방울이 얼굴을 타고 땅바닥으로 떨어졌다. 그때였다. 눈물방울과 함께 후드득 다른 물방울들이 떨어져 내렸다. 하늘을 바라보았다. 그토록 고대하던 비가 내리고 있었다. 그 비가 우리 농장을 살렸다.

지금 우리 곁에 빌리는 없다. 안타깝게도 빌리는 너무 빨리 우리의 품을 떠나갔다. 소중한 추억을 남기고.

특별한 친구 회색곰

케이시 앤더슨은 자연주의자다. 그는 산림이 파괴되고, 야생동물들이 점차 살 터전을 잃어가는 게 가슴 아팠다.

2002년 어느 날이었다. 옐로스톤 국립공원에 들른 그는 회색곰 새끼 한 마리를 입양하게 되었다. 그가 입양하지 않았더라면, 곰은 평생을 동물원에 갇혀 지내거나, 여차하면 목숨을 잃을 수 있었다. 국립공원 내 야생동물 보호구역에 서식하는 회색곰의 개체수가 불어나, 공원측은 자연 방사를 원치 않았다. 게다가 곰은 태어난 후 최소 2년간 엄마 곰과 함께 지내며 학습하지 않으면, 적응능력이 떨어져 야생 상태로 살아갈 수 없다.

앤더슨은 새끼 곰한테 브루투스라는 이름을 지어주었다. 브루투스는 수용시설 우리에 갇힌 엄마 곰한테서 태어났다. 자연의 품이 아닌 쇠창살 안 좁은 우리에서 지내야 했던데다, 자칫 목숨까지 잃을 뻔한 새끼 곰에게 운명은 가혹했다.

앤더슨은 브루투스를 애완동물로 기르기 위해 입양한

게 아니었다. 그는 자연이 최대한 원형대로 보존되고, 회색곰 같은 맹수들도 자연 속에서 자신들의 특성을 간직하며 살아야 한다고 생각했다. 그 속에서 동물과 인간이 공존하는 길을 찾고 싶었다.

브루투스를 입양한 앤더슨은 옐로스톤 국립공원에 가까운 몬태나에 회색곰 보호소를 세웠다. 브루투스를 집안에서 키울 수는 없는 노릇이었다. 그는 브루투스에게 최대한 야생에 가까운 환경을 만들어주고 싶었다. 회색곰의 생태를 연구하고, 위기에 처한 곰을 구조하는 활동도 보호소 설립의 목적 가운데 하나였다.

새끼 시절부터 브루투스를 돌본 앤더슨과 곰의 우정은 상상을 넘어선다. 앤더슨은 브루투스가 밥을 먹을 때도, 놀 때도 항상 곁을 지켰다. 어느 새 훌쩍 자라 어른 곰이 된 브루투스는 몸무게만 370킬로그램이 나가는 거대한 덩치를 자랑한다.

공포심을 자아내는 거대한 회색곰은 예사로 앤더슨의 볼을 핥고, 함께 구르며 논다. 심지어 함께 수영을 하고 맥주 파티도 벌인다. 저녁 식탁에 둘러앉아 함께 식사하는 일은 다반사다. 앤더슨뿐 아니라 그의 가족과 친구들이 함께하는 식사 자리에서도 브루투스는 한 자리를 차지한다.

앤더슨의 결혼식은 둘 사이의 특별한 우정을 세상에 보여주었다. 브루투스는 앤더슨의 들러리를 섰고, 하객 앞에서 앤더슨의 얼굴에 키스 세례를 퍼부었다.

"브루투스는 나의 가장 친한 친구다. 그는 내게 특별하고, 조건 없는 사랑을 베푼다."

맹수와의 우정이 가능한가를 묻는 사람들에게 앤더슨은 이렇게 대답하곤 하였다.

그는 사람들이 회색곰을 오해하고 있다고 말한다. 회색곰이 인간의 피에 굶주린 동물이라는 생각은 인간이 만들어낸 편견일 뿐이라는 것이다. 회색곰은 지적으로 총명한데다 인간처럼 눈물까지 흘리는 비슷한 감성을 갖고 있다고 그는 주장한다.

그는 브루투스와 우정을 나누면서도 브루투스가 야생곰이라는 생각을 잊은 적이 없다. 그래서 브루투스가 실제 곰처럼 행동하고, 다른 곰들과 어울릴 수 있는 환경을 만들어주었다. 그런 노력 끝에 브루투스에게는 곰 친구들뿐 아니라 곰 여자친구도 생겼다.

또한 그는 자신이 브루투스의 진정한 친구가 되기 위해서는 야생 곰의 생태를 알아야 한다고 생각했다. 그래서 극한 환경 속에 들어가 야생 곰의 삶을 관찰하는 일도 게을리하지 않았다. 곰의 습성을 이해하기 위해 야생 곰이 먹는 음식을 그대로 먹는 일조차 있었다.

인간과 회색곰 사이의 상상하기 어려운 우정은 오늘도 이어지고 있다.

효심 깊은 개

순천시 승주읍 지역에 1990년대 초부터 전해 내려 오는 이야기다.

산골마을에 가난한 노부부가 살고 있었다. 할머니는 백내장을 앓아 눈이 보이지 않았다. 손바닥만한 밭뙈기밖에 없던 터라, 할아버지가 산에서 나무를 해다 팔아 근근이 입에 풀칠을 했다.

자식이 없던 부부는 개 한 마리를 얻어다 키웠다. 할아버지가 외출해 있는 동안 개는 할머니의 말동무가 되어 주었다.

바깥에 나갔다 돌아오면 할아버지는 부엌에 들어가 밥을 지었다. 앞이 보이지 않는 할머니가 부엌살림을 할 수 없었기 때문이다. 할아버지가 솥에 쌀을 안치고 아궁이에 불을 땔 때면, 개는 할아버지 옆에 다소곳이 앉아 지켜보았다.

할아버지는 밥그릇을 소반에 받쳐들고 방으로 들어가거나 마루에 앉아, 할머니와 함께 식사를 했다. 개는 마루

아래 토방에서 밥을 먹었다.

할아버지, 할머니, 그리고 개까지 세 식구가 단란한 생활을 보낸 것도 잠시였다. 어느 날 갑자기 할아버지가 세상을 떠났다. 마을사람들이 힘을 모아 할아버지의 장례를 치러주었다.

장례를 치른 지 며칠 후였다. 부엌일을 하고 있던 이웃집 아주머니 집에 할머니댁 개가 나타났다. 개는 입에 밥그릇을 물고 있었다.

"누렁이 왔네. 배가 고픈 모양이구나?"

아주머니가 알은 체를 하자, 개는 꼬리를 흔들며 밥그릇을 땅바닥에 내려놓았다.

아주머니는 개가 안쓰러웠다. 할아버지를 잃고 저것이 얼마나 슬플까 하는 생각도 들었다.

"자, 많이 먹어라."

아주머니는 개가 물고 온 밥그릇에 밥을 가득 담아주었다. 개는 그 자리에서 밥을 먹지 않았다. 조심스레 밥그릇을 입에 물더니 집으로 향했다.

집에 가서 먹으려나 보다 생각하고 부엌으로 들어가던 아주머니는 불현듯 할머니가 걱정되었다. 그러고 보니 장례식이 끝난 후 며칠 동안 할머니 모습을 보지 못했다. 끼니나 거르는 건 아닌가 하는 생각에 밥하고 반찬 몇 가지를 주섬주섬 쟁반에 쌌다.

할머니는 마루에 앉아 있고, 개는 그 아래 토방에 서 있었다. 할머니 무릎 앞에는 밥그릇이 놓여 있었다. 할머니댁 대문을 들어서던 아주머니는 눈앞에 펼쳐진 광경을 보고 깜짝 놀랐다. 개가 연신 할머니 옷자락을 잡아 끌며 끙끙대는 것 아닌가? 할머니에게 밥을 먹으라는 애처러운 호소였다.

할머니가 개를 쓰다듬으며 말했다.

"나는 됐으니, 네가 먹어. 그동안 며칠을 굶었을 텐데."

그래도 개는 자꾸만 할머니의 소맷자락을 밥그릇 쪽으로 끌었다. 하는 수 없이 할머니는 숟가락을 가져다 몇 숟가락 떠먹었다. 그러고는 밥그릇을 개 앞으로 밀었다. 그제야 개는 남은 밥을 먹기 시작했다.

다음날 개는 다시 밥그릇을 물고 집을 나섰다. 동네 다른 집이었다.

이웃집 아주머니를 통해 할머니와 개의 이야기를 전해 들은 동네 사람들은 개의 효심에 감동하였다. 그래서 집집이 돌아가며 할머니댁에 보낼 밥과 반찬을 준비 하였다. 그랬다가 개가 나타나면 보자기에 싸서 입에 물려 주곤 하였다.

세상을 사는 지혜

운명이 우리를 행복하게
혹은 불행하게 만드는 것은 아니다.
오직 재료와 씨앗을 제공할 뿐이다.
삶은 우리 스스로 가꾸어야 한다.

- 몽테뉴

두 마리 늑대

할아버지는 주름진 갈색 피부에 친절한 눈동자를 가진 체로키 인디언이었다. 손자는 저녁이 되면 할아버지 무릎에 앉아 어린아이들이 으레 물어보는 질문을 던지곤 했다.

어느 날, 손자가 화가 잔뜩 난 얼굴로 할아버지를 찾아 왔다. 아이의 분노는 이내 조용한 눈물이 되어 떨어졌다.

"와서 앉으렴. 무슨 일이 있었는지 말해 주겠니?"

할아버지가 말했다.

"오늘 아빠랑 가게에 갔었는데요. 아빠가 일을 도와줘서 고맙다고 잭 나이프를 선물로 사주셨어요. 작은 칼이지만 저한테는 딱 좋은 크기였어요."

여기까지 이야기하고 아이는 할아버지의 무릎에 머리를 묻고는 한참 동안 말이 없었다. 할아버지는 부드럽게 아이의 머리를 쓰다듬으며 물었다.

"그 뒤에는 어떻게 됐니?"

여전히 머리를 기댄 채로, 소년이 대답했다.

"저는 먼저 가게 밖으로 나와 햇빛에 칼을 비춰보고 있었어요. 그런데 동네 아이들이 갑자기 저를 둘러싸고는 나쁜 말을 쏟아내기 시작했어요. 나보고 더럽고 멍청하다고, 이런 좋은 칼을 가질 자격이 없다고요. 제일 몸집이 큰 녀석이 밀치는 바람에 그만 넘어지면서 칼을 떨어뜨리고 말았어요. 한 녀석이 잽싸게 칼을 채가서는 깔깔거리며 도망가 버렸어요."

아이는 다시금 분노가 차오르는 것을 느꼈다.

"걔네들이 정말 싫어요. 미워 죽겠어요."

할아버지는 손자의 숙인 얼굴을 손으로 감싸 바로 세웠다. 그리고 온갖 풍상을 겪어온 노인의 지혜로운 눈빛으로 손자의 얼굴을 들여다보며 말했다.

"내가 이야기를 하나 해주마. 나도 때로는 아무 죄책감 없이 다른 사람을 괴롭히는 사람들한테 미움을 느낀단다. 하지만 미움은 너의 적을 해치는 것이 아니라, 사실은 너 자신을 잡아먹는 거야. 마치 스스로 독약을 마시면서 적이 죽기를 바라는 거나 마찬가지지. 나는 자주 이런 감정들과 싸웠단다. 마치 내 안에 늑대 두 마리가 살고 있는 것처럼 말이야… 끔찍한 싸움이었다.

한 마리는 아주 착해. 아무 해도 입히지 않지. 그 늑대는 주변과 잘 어울리며 평화롭게 산단다. 상대가 상처를 주려 의도한 게 아니라면, 어떠한 일에도 상처를 받지 않지. 반드시 싸워야 할 때, 올바른 방식으로만 싸운단다.

다른 한 마리는 늘 분노에 가득 차 있단다. 아주 사소한 일도 그를 자극해서 폭발하게 만들지. 그는 늘 모두와 아무 이유도 없이 싸우지. 분노와 미움이 너무 큰 나머지 생각이란 걸 할 줄 모른단다. 그건 아주 무기력한 분노인데, 결국 아무 것도 바꾸지 못하기 때문이야.

이 두 마리 늑대와 함께 사는 건 아주 힘들어. 둘 다 서로 나의 영혼을 지배하려고 하거든. 바로 이 싸움이 네 안에서도, 그리고 다른 모든 사람들 안에서도 벌어지고 있단다."

손자는 할아버지의 눈을 바라보며 물었다.

"어느 늑대가 이길까요?"

노인은 간단히 대답했다.

"네가 잘 보살피는 녀석이 이긴단다."

깨진 물동이

한 중국 여인이 양끝에 커다란 물동이를 단 긴 막대를 목에 걸치고 물을 길러 가고 있었다. 한쪽 물동이는 금 간 곳 없이 성해서 물을 꽉 채울 수 있었지만, 다른 한 물동이에는 금이 가 있었다. 냇가에서 물동이에 물을 가득 채워도 집에 도착하면 절반만 남는 일이 다반사였다.

두 동이의 물을 길어도 집에 가져오는 건 언제나 한 동이 반뿐이었다. 그렇게 물을 길어오는 여인의 발걸음이 매일같이 반복되기를 두 해가 흘렀다.

성한 물동이는 스스로가 자랑스러웠다. 그러나 가엾게도 깨진 물동이는 자신의 불완전함이 부끄러웠다. 절반의 몫밖에 해내지 못하는 것이 비참하게 느껴졌다. 지난 두 해 동안 자신이 해낸 일이 쓰디쓴 실패라고 속상해 하던 깨진 물동이는 어느 날 개울가에서 여인에게 말했다.

"제 자신이 참으로 부끄러워요. 옆구리에 있는 금 때문에 집까지 오는 동안 물을 절반이나 흘려버리잖아요."

여인은 웃으며 말했다.

"오가는 동안 길가에 핀 꽃을 보지 못했니? 네 쪽은 꽃이 자라고 있지만, 다른 쪽은 아무 것도 없지? 네 옆구리에 금이 가서 물을 흘리는 걸 알고, 내가 네 쪽 길가에 꽃씨를 뿌렸단다. 우리가 집으로 돌아오는 길에 너는 매일같이 그 꽃에 물을 준 거야. 두 해 동안 내내 그 꽃을 꺾어다 우리 집을 장식할 수 있었단다. 너한테 금이 가지 않았더라면, 우리 집 식탁에 이런 화사함이 피어날 수 있었겠니?"

어부의 꿈

멕시코 남부의 어느 평화롭고 아름다운 어촌 부둣가 마을로 휴가를 보내러 온 미국인 사업가가 부두에 작은 배를 대고 있는 젊은 어부를 발견했다. 어부의 작은 배 안에는 제법 실팍한 황다랑어 몇 마리가 놓여 있었다. 오후의 따사로운 햇살을 즐기고 있던 미국인은 어부가 잡아올린 물고기를 칭찬하며 물었다.

"이렇게 잡으려면 보통 얼마나 걸리나요?"

"두세 시간쯤은 걸리죠."

"그럼 시간을 좀더 투자해서 물고기를 더 많이 잡지 그래요?"

미국인이 충고했다. 어부는 빙그레 웃으며 대답했다.

"글쎄요. 이만하면 제 가족이 먹고 살기에 충분한데도요?"

사업가는 진지한 표정으로 물었다.

"그럼 나머지 시간에는 무엇을 하죠?"

"늦게까지 실컷 자고 일어나, 아이들과 시간을 보내죠.

야구 경기도 보고, 오후에는 낮잠도 자지요. 그리고 친구
들과 함께 동네를 어슬렁거리기도 하고, 기타도 연주하고,
노래도 몇 곡 부르고..."

미국인 사업가는 답답한 마음에 어부를 보챘다.

"이봐요. 어부 양반, 나는 하버드 대학교 경영대학원
출신입니다. 당신이 큰돈을 벌 수 있도록 도와줄 수
있어요. 우선 당신이 잡은 물고기 가운데 먹고 남는 것은
판매하세요. 그럼 자연히 수익이 발생하죠. 그 돈으로 더
큰 배를 구입하세요. 조만간 큰 배를 이용해 여분의 수익이
발생하게 되면, 그 돈으로 두 번째 배를 구입하고요. 그
리고 세 번째, 네 번째... 그렇게 되면 여러 척의 배로
이루어진 선단을 소유하게 될 겁니다."

미국인은 자신의 사업 아이디어에 신이 났는지, 더 큰
수익을 올릴 수 있는 거창한 계획을 상세하게 풀어놓았다.

"그리고 나서는, 어획한 물고기를 중개업자를 통해
판매하는 대신, 제조회사에 직접 판매하거나 아니면
아예 통조림 제조공장을 차리세요. 공장을 설립하게
되면 궁극적으로 원재료 확보와 제품 가공, 판매까지
모두 장악할 수 있게 됩니다. 사업에 성공해서 이 작은

어촌을 떠나 멕시코시티나 어쩌면 로스앤젤레스, 뉴욕 같은 대도시로 이주할 수 있게 될 거예요. 그곳에서 더 큰 기업체로 확장할 수도 있겠네요."

어부는 그런 생각은 한번도 해본 적이 없는지 의아한 표정이었다. 가만히 듣고 있던 어부는 사업가에게 물었다.

"그렇군요. 그런데 그렇게까지 되려면 대체 얼마나 시간이 걸릴까요?"

재빨리 계산을 해본 사업가는 대답했다.

"아마 한 15년에서 20년쯤 걸리지 않을까요? 당신이 정말 열심히 일한다면 더 당겨질 수도 있겠고요."

"그 다음엔 뭘 하죠, 세뇨르?"

"그 이후가 사실 가장 중요한 부분이죠!"

사업가는 웃으면서 대답했다.

"아주 적당한 시기에 회사 주식을 다른 사람들에게 매각하면, 엄청난 부를 거두게 됩니다. 아마 백만장자도 될 수 있겠죠."

"백만장자라고요? 정말로요? 그런데 백만장자가 되면 저는 뭘 해야 하나요?"

어부가 도저히 믿어지지 않는 듯 물어보았다.

사업가는 뻐기며 대답했다.

"백만장자가 되면 그야말로 행복한 은퇴를 맞는 거죠. 아름다운 어촌 마을로 내려가서 실컷 자고, 자녀들과 놀아주고, 야구도 보고, 아내와 낮잠도 즐기고요. 저녁이 되면 산책하고, 당신이 좋아하는 친구들과 함께 기타 치고 노래도 부르고요."

무지개

    아주 오랜 옛날에 이 세상에 존재하는 모든 색깔들이 한자리에 모였다. 그 자리에서 누가 세상에서 가장 훌륭한 색인지 갑론을박이 벌어졌다. 가장 중요한 색, 가장 유용한 색, 가장 사랑받는 색은 무슨 색일까 설전이 벌어진 것이다.

    초록이 먼저 나섰다.

    "그야 당연히 내가 제일 중요한 색이지. 초록은 생명과 희망의 상징인 걸. 나무와 풀 이파리 모두 초록이잖아. 내가 없다면 동물들도 굶어죽고 말걸. 저 들판을 한번 보렴. 온통 초록으로 가득 차 있잖아."

    초록의 자기 자랑에 파랑도 지지 않고 끼어들었다.

    "넌 땅만 놓고 이야기하고 있군. 저기 하늘과 바다를 좀 봐. 온 생명의 근간이 되는 것은 자고로 물이야. 저기 저 깊은 바다에서부터 구름까지 이어지는 물의 순환 속에는 늘 파랑이 있어. 게다가 하늘이야말로 평화와 고요함을 선사하지. 파랑이 전하는 평화가 없다면 너희들은 아무 것도 아니야."

그러자 노랑이 빙그레 웃었다.

"아이고, 너희들 왜 이리 심각하니? 나는 이 세상에 웃음, 흥겨움, 그리고 온기를 전해 주지. 태양도, 달도, 별도 모두 노랗지 않니? 샛노란 해바라기를 바라볼 때면 마치 온 세상이 우릴 향해 웃어주는 것처럼 느껴진다고. 내가 없다면 세상은 그야말로 우울한 곳일 거야."

이번에는 주황이 자화자찬을 시작했다.

"나는 건강과 힘의 상징이야. 글쎄, 난 그리 흔한 색은 아닐 수 있겠지만, 인간에게 꼭 필요한 것들을 제공해 주기 때문에 정말로 소중한 존재 아니겠니? 내 안에는 가장 중요한 영양소인 비타민이 들어 있어. 당근, 호박, 오렌지, 망고, 파파야 같은 것들을 떠올려 보렴. 동틀 무렵과 해질녘의 노을은 어떻고. 그때 펼쳐지는 아름다움이란 너무나도 장관이라서, 아무도 다른 소리는 하지 못할걸."

빨강이 더 이상은 못 참겠다는 듯 끼어들었다.

"나는 너희 모두를 지배하는 색 중의 색이야. 붉은 피는 바로 생명의 색 그 자체야. 나는 위험과 용기를 상징해.

대의를 위해 싸우고, 그 도화선이 되곤 하지. 내가 없다면 이 지구도 달처럼 텅 빈 느낌일걸? 나는 열정과 사랑, 붉은 장미, 포인세티아, 양귀비의 색이라고."

보라는 위엄에 찬 높은 어조로 말했다.

"나는 왕권과 권력을 상징하는 색이야. 왕과 주교 같은 지배계급에서 나를 택하는 이유가 뭐라고 생각하니? 내가 바로 권위와 지혜의 상징이기 때문이야. 사람들은 나에게는 질문하지 않아. 대신 내 말을 경청하고, 그에 복종할 뿐이지."

가만히 듣고 있던 남색이 마침내 입을 열었다. 다른 어떤 색보다 고요한 목소리로, 그러나 자못 확신에 찬 태도였다.

"나를 봐. 나는 침묵의 색이야. 너희들은 내가 있는지도 몰랐겠지. 그렇지만 내가 없으면 너희 모두는 그저 피상적인 색에 불과해. 사고와 명상 같은 인간의 내면 세계는 물론 황혼녘 땅거미와 심해의 물빛까지도 내 모습이야. 조화와 대비, 기도, 내적 평화를 위해서라면 내가 꼭 필요해."

이렇게 저마다의 색들이 나서 자신의 우월성을 주장하기

바빴다. 색들끼리 벌이는 논쟁은 점점 더 시끄러워졌다.

갑자기 섬광 같은 번개가 번쩍이고 천둥소리가 울려 퍼졌다. 빗방울이 억수처럼 쏟아지기 시작했다. 모두 공포에 질려 몸을 웅크리고, 의지가 될까 싶어 서로 바짝 다가앉았다.

떠들썩한 아우성 사이로, 비가 말했다.

"이 어리석은 것들아. 서로 아귀다툼하며 다른 색을 지배하려고 애쓰는구나. 너희 모두 저마다 다른 특별한 목적을 위해 이 세상에 존재한다는 것을 모른단 말이야? 모두 함께 손 잡고 나에게 와보렴."

비의 말대로 모든 색이 서로 손을 잡고 비 앞에 섰다.

비는 계속 말을 이어갔다.

"이제부터 비가 올 때면 너희는 하늘을 가로지르는 거대한 다리를 만들게 될 거야. 너희 모두가 평화롭게 공존한다는 의미지. 무지개는 내일의 희망을 상징한단다."

그래서 비가 세상을 깨끗이 씻겨낸 뒤에는, 항상 하늘에 무지개가 뜨게 되었다.

- 아메리카 인디언 전설.

봄, 여름, 가을, 겨울

아들 넷을 둔 사람이 있었다. 그는 아들들이 너무 빨리 사물을 판단하지 않는 법을 배우기를 원했다. 그래서 아들들을 하나씩 멀리 보내 배나무를 보고 오라고 일렀다.

첫째는 겨울에, 둘째는 봄에, 셋째는 여름에, 막내는 가을에 떠났다. 모두 떠났다가 돌아온 다음, 그는 아들들을 불러 모아 무엇을 보았는지 물었다.

첫째 아들은 나무가 추하고 구부러지고 비틀려 있었다고 말했다. 둘째 아들은, 그렇지 않다며, 나무가 온통 초록빛 싹으로 덮여 생동감이 넘쳤다고 말했다. 셋째 아들은 형들의 의견에 동의하지 않았다. 그는 냄새가 달콤하고 아름다운 꽃송이들이 나무를 감싸고 있었는데, 그가 지금까지 본 것 가운데 가장 우아한 모습이었다고 말했다. 막내아들 역시 생각이 달랐다. 그는 잘 익은 과일들이 늘어져 있어 결실의 충만함을 느낄 수 있었다고 말했다.

아버지는 아들들의 의견이 모두 옳다며 그것은 각자 단 한 계절의 나무 모습만 보았기 때문이라고 말했다. 사람의 참모습과 그 사람의 삶에서 풍겨나오는 기쁨과 사랑은 모든 계절이 끝난 마지막에 가서야 측정될 수 있다. 그렇기 때문에, 나무나 사람을 단 한 계절만 보고 판단해서는 안된다고 자식들에게 일렀다.

겨울에 포기해 버리면, 봄의 생동감과 여름의 아름다움, 가을의 결실을 놓치고 말 것이다.

마음의 독

옛날 아주 먼 옛날 중국에서 있었던 일이다. 리리라는 이름의 소녀가 결혼을 하고, 시집에 들어가서 살았다. 같이 살게 된 지 얼마 되지 않아, 리리는 시어머니와 잘 지내기 어렵다는 것을 알았다. 그들의 성격은 서로 판이하게 달랐다. 시어머니는 끊임없이 리리를 꾸중했다. 리리 역시 시어머니의 행동거지가 마음에 들지 않았다.

해가 가고 달이 지나도, 리리와 시어머니의 갈등은 멈출 줄을 몰랐다. 고대 중국의 풍습에 따르면, 리리는 시어머니에게 묶인 몸으로 모든 명령에 복종해야 했다. 그런 일방적 관계가 상황을 더욱 악화시켰다. 시어머니와 며느리의 갈등은 리리의 가엾은 남편을 괴롭혔다.

시도 때도 없이 화를 내고 독단으로 치닫는 시어머니를 견딜 수 없게 된 리리는 마침내 특단의 조치를 취하기로 결심했다. 리리는 아버지의 친구인 약초상 황 아저씨를 찾아갔다. 아저씨에게 상황을 설명하고, 독초를 부탁하였다. 황 아저씨는 한동안 고민하더니, 마침내 말문을 열었다.

"리리야, 내가 문제를 해결할 수 있도록 도와주마. 단, 반드시 내 말을 귀담아 듣고 그대로 따라야 한다."

리리는 대답했다.

"네, 아저씨. 말씀하시는 대로 할게요."

뒷방에 들어간 황 아저씨는, 잠시 후 약초 한 묶음을 들고 나타났다. 그는 리리에게 말했다.

"리리야, 시어머니를 없애기 위해 빨리 듣는 독을 사용해선 안된다. 그러면 사람들이 의심할 거야. 이틀에 한 번씩 맛있는 식사를 준비하고, 거기에 이 약초를 약간 넣어라. 시어머니가 돌아가셨을 때 아무도 너를 의심하지 않게 하려면, 시어머니에게 늘 친절히 대해야 한다. 시어머니와 싸우지 말고, 말을 잘 들어라. 여왕님을 모신다고 생각하고."

마침내 해결의 실마리를 찾아낸 리리는 기쁨을 감추지 못했다. 그녀는 황 아저씨에게 감사의 인사를 전한 뒤, 서둘러 집으로 향했다. 시어머니를 살해하는 음모를 실행에 옮기기 위해.

몇 주가 지나고 몇 달이 지나는 동안, 리리는 이틀에 한 번씩 시어머니를 위해 특별한 음식을 준비했다. 의심을 피하기 위해 성질을 누그러뜨리고, 매사에 시어머니에게 순종하였다. 마치 친어머니를 대하듯 하였다.

6개월이 지나자 집안 분위기가 완전히 바뀌었다. 리리는 더 이상 화를 내지 않았다. 성질 다스리는 법을 완전히 몸에 익혔기 때문이다. 그녀는 6개월 동안 한 번도 시어머니와 다투지 않았다. 시어머니가 이전에 비해 훨씬 친절해지고, 함께 지내기 편해졌던 것이다.

리리를 대하는 시어머니의 태도도 변했다. 시어머니도 리리를 친딸처럼 사랑하게 되었다. 그녀는 친지들에게 리리만큼 좋은 며느리는 없을 거라고 말하고 다녔다. 리리의 남편은 이런 변화를 보고 매우 기뻐했다.

어느 날 리리는 황 아저씨를 다시 찾아갔다.

"황 아저씨, 제가 그동안 시어머니께 먹인 독을 없앨 수 있는 방법을 알려주세요. 시어머니는 이제 아주 좋은 사람이 되었고, 저도 시어머니를 마치 제 친어머니처럼 사랑해요. 시어머니가 제가 먹인 독 때문에 죽는 걸 원치 않아요."

황 아저씨는 웃으며 고개를 끄덕였다.

"리리야, 걱정할 것 없다. 나는 너한테 독을 준 적이 없단다. 내가 준 약초에는 시어머니를 건강하게 해주는 영양소들이 들어 있을 뿐이다. 유일한 독은 시어머니를 미워하는 너의 마음이었다. 하지만 이제 그 마음이 시어머니에 대한 사랑으로 바뀌었으니, 걱정하지 않아도 된단다."

행복

까마귀 한 마리가 숲속에 살고 있었다. 까마귀는 자신의 삶에 아무런 불만이 없었다.

그러던 어느 날, 까마귀는 백조를 보았다. '백조는 이렇게나 하얀데, 나는 온 몸이 시커멓구나.' 자괴감이 들었다.

"백조야, 너는 아마 이 세상에서 제일 행복한 새일 거야."

까마귀는 백조에게 자신의 생각을 이야기했다.

"사실은 말이야, 앵무새를 만나기 전까지만 해도 나는 내가 제일 행복한 새라고 생각했어. 그런데 앵무새는 색깔이 두 가지나 되잖아. 이 세상에 앵무새만큼 행복한 새는 없을 거야."

백조가 대답했디.

까마귀는 앵무새를 찾아갔다. 앵무새가 이야기했다.

"나도 공작을 만나기 전까지는 무척 행복했어. 그렇지만 나는 색깔이 두 가지밖에 없는데, 공작은 수많은 색을 가지고 있더라고."

까마귀는 공작을 만나러 동물원에 갔다. 수많은 사람들이 공작을 보러 모여 있었다.

사람들이 떠나자, 까마귀는 공작에게 다가갔다.

"공작아, 너는 정말 아름답구나. 매일같이 셀 수 없이 많은 사람들이 너를 보러 오잖니. 사람들은 나를 보면 바로 쫓아 버린단다. 이 지구상에 너만큼 행복한 새는 없을 거야."

까마귀의 말에 공작이 대답했다.

"나는 늘 내가 가장 아름답고 행복한 새라고 생각했어. 하지만 그 아름다움 때문에 동물원에 갇혀버렸단다. 동물원에서 유심히 살펴보니, 까마귀만 우리에 갇혀 있지 않더구나. 그래서 요 며칠간 만약 내가 까마귀였다면 어디든 자유롭게 날아다닐 텐데 하고 생각하던 참이었어."

같은 얼굴, 다른 사람

유명한 이탈리아 화가인 레오나르도 다빈치가 〈최후의 만찬〉을 완성하는 데는 자그마치 7년이 걸렸다. 다빈치는 이 작품 속의 예수와 열두 제자를 실제 인물을 모델로 그렸다.

예수의 실제 모델이 가장 먼저 선택되었다. 다빈치는 이 대작을 위해 수백 명의 젊은이들을 꼼꼼히 살폈다. 이 세상의 온갖 죄에 물들지 않은 순수한 아름다움을 지닌 얼굴과 예수의 고결한 성품을 닮은 이를 찾아내기 위해서였다.

몇 주간 힘들게 찾아 헤맨 끝에, 열아홉 살 젊은 청년이 예수의 모델로 선택되었다. 〈최후의 만찬〉의 주인공을 그리는 데만 다빈치는 여섯 달을 바쳤다.

예수를 그리고서도 이 숭고한 작품을 완성하기까지 6년의 시간이 더 필요했다. 다빈치는 혼신의 힘을 다해 작품에 매진하였다.

예수의 열두 제자 가운데 열한 명의 제자들은 한 사람

한 사람 적절한 모델을 찾아냈다. 작품을 완성하기 위해 마지막 남은 과제는 가룟 유다를 표현할 인물을 찾는 일이었다. 잘 알려진 것처럼, 유다는 예수를 은화 서른 냥에 팔아 넘긴 인물이다.

몇 주에 걸쳐 다빈치는 사납고 냉정한 성품에 악의, 거짓, 위선 그리고 죄악으로 가득 찬 얼굴을 찾아 헤매었다. 자신과 가장 가까운 사람을 배신할 캐릭터로 맞춤한 얼굴이어야 했다.

다빈치가 생각하는 유다의 얼굴을 찾아내는 일은 쉽지 않았다. 거듭되는 실망에 지쳐갈 무렵, 다빈치는 자신이 찾는 얼굴이 로마에 있다는 소식을 들었다. 그 사람은 지하 감옥에 갇혀 살인죄로 사형을 기다리는 죄수였다.

다빈치는 단걸음에 로마로 달려갔다. 어두컴컴한 감옥에서 나온 죄수는 햇빛 아래 섰다. 마구 헝클어진 머리에 검은 피부를 지닌 그의 얼굴에는 사악함과 타락이 깃들어 있었다. 마침내 다빈치는 그토록 찾아 헤매던 유다의 모델을 만나게 되었다.

왕의 특별 허가를 받고 죄수는 다빈치가 그림을 그리고 있던 밀라노로 이송되었다. 위대한 예술가가 열정을 바쳐 유다의 캐릭터를 그림 안에 담아내는 동안, 죄수는 매일 지정된 시간에 다빈치 앞에 앉아 있었다. 마지막 붓질을 마친 다빈치는 간수들에게 말했다.

"이제 끝났으니 죄수를 데려가도 좋소."

간수들이 죄수를 데려가려 할 때였다. 그는 갑자기 간수들의 손을 뿌리치며 다빈치에게 달려가 읍소했다.

"오, 다빈치 님, 저를 보세요! 정녕 제가 누구인지 모르시겠습니까?"

평생 동안 인물을 연구해 온 숙련된 눈으로 다빈치는 지난 6개월간 셀 수 없이 바라본 남자의 얼굴을 한 번 더 찬찬히 살폈다.

"아니, 나는 한 번도 자네를 만난 적이 없네. 로마 감옥에서 처음 보기 전까지는."

그러자 죄수는 눈을 들어 하늘을 보며 울부짖었다.

"신이시여, 제가 이도록 타락했단 말입니까?"

그는 다시 고개를 돌리며 화가에게 말했다.

"다빈치 님, 저를 보십시오. 제가 바로 당신이 7년 전에 그린 예수의 모델이었습니다."

- 이 이야기는 사람의 얼굴에는 그 사람의 인생이 고스란히 드러
난다는 교훈적인 내용을 〈최후의 만찬〉에 빗대 들려주고 있지만,
다빈치가 예수와 유다의 모델에 같은 인물을 썼다는 기록은 없다.

어깨

어머니는 가끔 내게 사람의 몸에서 가장 중요한 신체 부위는 어디인지 묻곤 하셨다. 몇 년 동안, 나는 정답을 알아맞히기 위해 많은 추측을 해보았다.

어렸을 때는 사람들에게 소리가 매우 중요하다고 생각했다. 그래서 이렇게 대답했다.

"귀요. 귀가 제일 중요해요."

"아니야, 세상에는 귀가 들리지 않는 사람들이 많이 있단다. 하지만 좀더 생각해 보렴. 내가 곧 다시 물어볼 테니."

몇 년이 지나 어머니가 다시 내게 물으셨다. 첫 번째 시도가 실패했기 때문에, 나는 정답을 맞히기 위해 고심했다.

"엄마, 보는 건 누구한테나 중요하잖아요. 그니까 눈이에요."

어머니는 나를 보며 말했다.

"너는 무척 빨리 배우는구나. 하지만 이번에도 정답은

아니야. 이 세상에는 눈이 보이지 않는 사람들도 많거든."

그후로도 몇 년 동안 나는 더 많이 배워 정답을 찾으려 애썼다. 어머니는 몇 번 더 내게 같은 질문을 하셨지만, 그때마다 어머니의 말씀은 늘 똑같았다.

"아니야. 하지만 매년 더 똑똑해지는구나, 내 딸아."

작년에 할아버지께서 돌아가셨다. 모두가 크게 상심하며 눈물을 흘렸다. 아버지마저 울음을 참지 못하셨다. 아버지께서 우시는 걸 본 게 딱 두 번이었기 때문에 똑똑히 기억한다. 할아버지께 마지막 인사를 건넬 때가 되자, 어머니는 나를 바라보며 물으셨다.

"아직 가장 중요한 신체 부위가 어디인지 모르겠니, 얘야?"

나는 충격을 받았다. 어머니께서 그 엄숙한 순간에 같은 질문을 하시다니. 나는 늘 그것이 어머니와 나 사이의 장난이라고 생각했을 뿐이다.

어머니는 내 얼굴에 깃든 혼란을 알아차리고 말씀하셨다.

"이 질문은 매우 중요하단다. 그건 네가 얼마나 진지하게 삶과 마주하고 있는지를 보여주거든. 예전에 네가 말한 모든 대답이 틀렸다고 내가 말했지. 그리고 그 이유를 알려주었지. 오늘이야말로 그 질문의 해답을 말해 줄 때로구나.”

어머니는 애정이 듬뿍 담긴 눈으로 나를 바라보셨다. 어머니의 눈에는 눈물이 가득 고여 있었다.

“사랑하는 딸아, 가장 중요한 부위는 바로 어깨란다.”

나는 물었다.

“어깨가 머리를 받쳐주기 때문인가요?”

어머니는 대답하셨다.

“아니야. 그건 네가 사랑하는 사람이 울 때, 그들이 네 어깨에 머리를 기댈 수 있기 때문이란다. 모두가 인생의 어느 시점에는 기대어 울 수 있는 어깨를 필요로 하지. 자신의 어깨를 기꺼이 내어줄 친구와 큰 사랑을 갖기 바란다. 그래야 네가 필요할 때 언제든 기대어 울 수 있지 않겠니?”

평화를 그린 그림

옛날에 한 왕이 평화를 가장 잘 그린 사람에게 상을 내리겠다고 공표했다. 왕은 모든 그림을 살펴보았지만, 마음에 드는 것은 두 점뿐이었다. 둘 가운데 하나를 선택해야 했다.

하나는 잔잔한 호수를 그린 것이었다. 호수는 주위를 둘러싼 평화로운 산을 비추는 완벽한 거울이었다. 산 너머의 푸른 하늘에는 솜사탕 같은 하얀 구름이 떠다녔다. 누구든지 이 그림을 보는 사람들은 완벽한 평화를 떠올렸다.

두 번째 그림에도 산이 등장했다. 그러나 산은 온통 험한 바위로 뒤덮여 있었다. 위쪽에는 비를 쏟아내고 번개를 내리치는 성난 하늘이 그려져 있었다. 산 밑에는 폭포가 거품을 일으키며 떨어지고 있었다. 어느 것 하나 평화로워 보이지 않았다.

하지만 좀더 자세히 들여다보면, 폭포 뒤 바위 틈에 작은 수풀이 놓인 것을 알 수 있었다. 어미 새가 수풀 안에

둥지를 틀고 있었다. 성난 물 폭포가 쏟아지는 가운데, 어미 새가 둥지 안에 새끼를 품고 앉아 있었다.

어떤 그림이 상을 받았을까? 왕은 두 번째 그림을 선택하였다. 왕이 그 이유를 설명하였다.

"평화는 어떠한 소음도, 고통도, 고난도 없는 곳에 있는 것이 아니라오. 그런 모든 것들의 한가운데서 마음의 평정을 유지하는 게 평화의 진정한 의미 아니겠소."

새로운 황제

옛날 아주 먼 옛날, 동방에 한 황제가 있었다. 그는 늙어가고 있었으며, 후계자를 찾을 때가 되었음을 알았다. 자신의 자식이나 높은 벼슬아치들 가운데 하나를 고르는 대신, 황제는 다른 시도를 해보기로 했다.

하루는 황제가 왕국의 모든 젊은이들을 한데 모았다. 그리고 말했다.

"이제 내가 왕좌를 새로운 후계자에게 넘겨줄 때가 되었다. 나는 너희 가운데 한 명을 선택할 것이다."

청년들은 충격에 휩싸였다. 황제는 아랑곳하지 않고 말을 이어갔다.

"오늘 너희에게 씨앗을 한 개씩 줄 것이다. 단 한 알의 씨앗뿐이다. 이건 매우 특별한 씨앗이다. 집에 돌아가 씨앗을 심고, 물을 줘라. 그리고 일 년 뒤에 이 씨앗에서 길러낸 것들을 가지고 이리 오거라. 너희가 가져온 식물을 보고 내가 판단할 것이다. 내가 고른 사람이 이 왕국의 다음 황제가 될 것이다."

그날 그 자리에 링이라는 소년이 있었다. 다른 사람들과 마찬가지로 링도 씨앗을 받았다. 그는 집으로 돌아와 신이 나서 어머니에게 이야기를 들려주었다. 어머니는 화분과 흙을 구해 주었다. 링은 거기에 씨앗을 심고, 조심스레 물을 주었다. 매일같이 물을 주며, 얼마나 자랐는지 확인하였다.

삼 주쯤 지나자, 몇몇 청년들은 자기 씨앗이 싹을 틔웠다고 떠벌이기 시작하였다.

링은 매일같이 집에 가서 씨앗을 확인했지만, 아무것도 자라지 않았다. 사 주가 지나고, 오 주가 지났다. 여전히 아무일도 일어나지 않았다.

다들 자기 식물에 대해 이야기를 늘어놓았지만, 링에게는 식물이 없었다. 그는 마치 스스로가 실패자처럼 느껴졌다. 여섯 달이 지났지만, 링의 화분에는 여전히 아무 것도 없었다.

그는 자기가 씨앗을 죽였다는 것을 깨달았다. 다른 모든 사람들은 나무나 큰 식물을 갖고 있는데, 자신에게는 아무 것도 없었던 것이다. 링은 친구들에게 아무 말도 하지 않았다. 단지 끈기 있게 자신의 씨앗이 자라기를 기다렸다.

마침내 일 년이 지났다. 왕국의 모든 청년들이 자신의 식물을 들고 황제의 검사를 받기 위해 모였다. 링은 어머니에게 빈 화분을 갖고 가지 않겠다고 말했다. 그러나 어머니는 화분을 가져가 무슨 일이 있었는지 솔직히 말하라고 링을 격려해 주었다. 그는 마치 배탈이 난 것 같았지만, 어머니의 말이 맞다는 것을 알았다. 빈 화분을 들고 링은 왕궁을 향했다.

링은 다른 청년들이 기른 식물에 놀라움을 금치 못했다. 다양한 모양과 크기의 식물들은 모두 아름다웠다. 링이 바닥에 자신의 빈 화분을 놓자, 다른 젊은이들이 모두 비웃었다. 몇몇은 안쓰러워하며 위로해 주었다.

마침내 황제가 모습을 드러냈다. 그는 한번 쓱 둘러 보고는 청년들에게 인사를 건넸다. 링은 뒤쪽으로 숨으려고 애썼다.

"다들 아주 멋진 나무와 꽃을 길러냈구나! 오늘 너희 가운데 한 명이 다음 황제로 지명될 것이다."

황제가 말했다.

갑자기 황제는 뒤쪽에 서 있던 링과 그의 빈 화분을 가리켰다. 그러고는 경비병들에게 그를 앞으로 데려 오라고 명했다. 링은 잔뜩 겁에 질렸다.

"황제께서 내가 실패한 걸 알아 차리셨어! 사형을 당할 지도 몰라!"

링이 앞으로 나오자, 황제는 이름을 물었다.

"제 이름은 링입니다."

그가 대답했다. 다른 청년들은 모두 배꼽을 잡고 웃었다. 황제는 장내를 진정시켰다. 그는 링을 한 번 쳐다보고는, 모두에게 선언했다.

"자, 너희의 다음 황제를 보아라! 그의 이름은 링이다!"

링은 믿을 수가 없었다. 아무 것도 길러내지 못했는데, 어 떻게 새로운 황제가 될 수 있단 말인가?

황제가 말했다.

"일 년 전에, 내가 여기서 너희들에게 씨앗을 하나씩 나눠주었지. 니는 너희에게 씨앗을 가지고 가서 심고, 물을 주고, 오늘 다시 가져오라고 말했다. 하지만 내가 준 것은 전부 삶은 씨앗이었다. 자랄 수가 없지.

링을 제외한 모두는 내게 나무와 식물과 꽃을 가져왔다. 씨앗이 자라지 않는다는 것을 알아차렸을 때 다른 씨앗으로 바꿔치기한 거겠지. 오직 링만이 빈 화분을 들고 올 용기와 정직함을 갖고 있었다. 그래서 그가 새로운 황제가 될 것이다!"

인도 새옹지마

옛날 인도에 사냥을 매우 좋아하는 왕이 살았다. 하루는 왕이 그의 주치의와 함께 사냥을 나섰다. 사냥 도중에 왕은 처음 보는 식물에 가운뎃손가락을 찔렸다. 손가락은 큰 고통과 함께 부풀어 올랐다.

의사는 왕이 입은 상처 부위에 특수 연고를 발라주었다. 그리고 천으로 감쌌다.

왕이 물었다.

"내 손가락, 괜찮겠지?"

의사가 대답했다.

"글쎄요. 좋을지, 나쁠지 누가 알겠습니까?"

며칠이 지나고 왕의 손가락은 상태가 더 악화되었다. 그는 의사를 불러 다시 물었다.

"내 손가락 정말 괜찮을까?"

의사가 대답했다.

"글쎄요. 좋을지, 나쁠지 누가 알겠습니까?"

며칠이 더 지나자 왕의 손가락은 감염이 더욱 심해졌

다. 하는 수 없이 손가락을 절단해야 했다. 격노한 왕은 의사를 감옥에 가두고는, 한 달 안에 교수형에 처하라고 명령했다.

한 주 가량의 회복기가 지난 다음, 왕은 다시 사냥에 나섰다. 이번에는 더 운이 나빴다. 그만 식인 부족에게 잡히고 만 것이다.

제물로 화형식에 처해지기 전이었다. 식인종 제관은 그에게 손가락이 아홉 개밖에 없다는 사실을 알아차렸다. 이 부족은 온전하고 결함 없는 신체를 가진 자만 제물이 될 수 있다고 믿었다. 그래서 손가락이 하나 없는 왕을 풀어주었다.

왕국으로 돌아오자마자, 왕은 곧바로 의사의 석방을 명하였다. 의사가 왕 앞에 불려왔다. 왕이 말했다.

"위대한 의사여, 자네 때문에 손가락을 하나 잃었지만, 그게 내 목숨을 구했다네."

의사가 말했다.

"좋을지, 나쁠지 저는 압니다, 위대한 왕이시여. 전하께서 저를 감옥에 가두지 않으셨다면, 저는 함께 사냥을 나갔을 겁니다. 만약 그랬다면 저도 그 식인종들에게 잡혀

제물이 되었겠지요. 감사합니다. 전하께서 제 목숨을 살리

셨습니다."

반지의 가치

옛날 아주 오랜 옛날, 이집트에 즌눈이라는 이름의 유명한 도사가 살았다. 하루는 한 젊은이가 그를 찾아와 물었다.

"선생님, 저는 왜 선생님 같은 분께서 이처럼 검소한 복장만 고집하시는지 모르겠습니다. 요즘은 누구에게 보여주기 위해서가 아니더라도 다들 깔끔하게 잘 차려 입고 다니지 않습니까?"

도사는 빙그레 웃고는 손가락에서 반지를 뺐다.

"젊은 친구여, 자네의 질문에 대답을 해주지. 그 전에 한 가지 부탁을 좀 해도 되겠나? 이 반지를 가지고 길 건너편 시장에 가서, 금 한 냥에 팔아 오게나."

청년은 즌눈의 낡은 반지를 미심쩍은 눈으로 쳐다 보았다.

"금 한 냥이라… 누가 이 반지를 그 가격에 사려고 할지 모르겠습니다."

"한번 해보게나. 혹시 알아? 자네가 해낼지."

즌눈의 말에 청년은 얼른 시장으로 달려갔다. 옷감 가게, 야채 가게, 정육점, 생선 가게 등을 돌아다니며 반지를 보여주었다. 그러나 기꺼이 금 한 냥을 내겠다는 사람은 단 하나도 없었다.

청년은 터덜터덜 즌눈의 집으로 돌아왔다.

"선생님, 은 한 냥 이상을 내겠다는 사람은 없었습니다."

자애로운 미소를 지으며 즌눈이 말했다.

"자, 이제 이쪽 뒷골목에 있는 금은방에 가보게. 이 반지를 가게 주인이나 감별사에게 보여주게나. 가격을 먼저 제시하지 말고, 그들이 얼마를 내겠다고 하는지만 듣고 오게나."

젊은이는 선생이 말한 금은방으로 서둘러 발걸음을 옮겼다. 이내 돌아온 그의 얼굴 표정은 아까와는 사뭇 달랐다.

"선생님, 아무래도 시장 상인들이 이 반지의 진가를 알아보지 못한 모양입니다. 금 감별사는 무려 금 천 냥에 사겠다고 하더군요. 시장 상인들이 말한 가격의 수천 배 금액 아닙니까?"

즌눈은 가만히 청년의 말을 듣고는 부드러운 미소와

함께 입을 열었다.

"이게 바로 자네의 질문에 대한 나의 대답일세. 단지 입고 있는 옷만으로 사람을 평가해서는 안되지 않겠나? 시장 상인들이 했던 것처럼 말이지. 하지만 금 감별사처럼 진정 안목 있는 사람은 옷 아래 감추어진 진가를 알아본다네."

예술가의 재능

19세기의 유명한 시인이자 예술가인 단테 가브리엘 로제티에게 어느 날 한 노인이 찾아왔다. 노인은 스케치와 드로잉을 몇 점 들고 와서 로제티에게 보이고는 작품이 좋은지 어떤지, 일말의 재능이라도 엿보이는지 말해 달라고 청했다.

로제티는 그림을 살펴보았다. 그는 단번에 그 그림들이 어떤 가치도 없으며, 노인에게 예술적 재능이라고는 눈을 씻고 찾아봐도 없다는 것을 알아차렸다. 하지만 로제티는 친절한 사람이었기 때문에, 최대한 부드럽게 자신의 생각을 전달했다. 노인에게 미안한 마음이 들었지만, 거짓말을 할 수는 없었다. 방문자는 실망한 기색이 역력했지만, 어느 정도는 그런 평가를 각오하고 있었던 듯했다.

그는 로제티의 시간을 뺏은 것을 사과했다. 그렇지만 몇 점만 더 봐달라고 부탁했다.

'젊은 예술학도가 그린 건가?'

두 번째 묶음을 본 로제티는 작품에 가득 담긴 재능에

흥분을 감추지 못했다.

"이 작품들은 정말 훌륭하군요. 이 학생은 정말 재능이 있어요. 이런 젊은이라면 모든 지원을 아끼지 말아야 합니다. 열심히, 꾸준히만 한다면 이 학생은 정말 위대한 예술가가 될 겁니다."

로제티는 노인이 깊이 감동했다는 것을 알아차렸다.

"도대체 이 젊은 예술가가 누굽니까? 아들인가요?"

로제티의 물음에 노인이 슬픈 목소리로 대답했다.

"아닙니다. 그건 저예요. 40년 전에 그린 것들이죠. 그때 당신의 칭찬을 들었더라면, 얼마나 좋았을까요? 너무 빨리 좌절하고 포기해 버렸던 게죠."

소금

매사에 불만인 제자를 둔 나이 지긋한 힌두교 스승이 있었다. 더 이상 제자의 불평을 참을 수 없었던 그는, 어느 날 아침 제자를 불러 소금을 얻어오라고 시켰다.

제자가 돌아오자, 스승은 물이 든 유리잔 속에 소금 한 움큼을 집어넣고 그것을 마시게 했다.

"맛이 어떠냐?"

"짭니다."

소금물을 뱉어내며 제자가 대답했다.

스승은 제자와 함께 근처 호숫가로 갔다. 스승은 제자에게 가져온 소금을 호수에 던지라고 명했다.

"이제 호수의 물을 마시거라."

스승은 다시 물었다.

"물 맛이 어떠하냐?"

"신선합니다."

제자는 대답했다.

"소금의 짠 맛이 느껴지느냐?"

"아닙니다."

진지하게 물음에 대답하는 제자의 말에서 스승은 자신의 젊은 날을 떠올렸다. 그는 어린 제자 옆에 앉아, 제자의 손을 잡고 이렇게 들려주었다.

"인생에서 고통이란 순수한 소금과도 같은 것이다. 더도 덜도 아니고 우리 인생에서 고통의 양은 늘 똑같다. 그렇지만 우리가 느끼는 고통의 크기는 그 고통을 담는 그릇에 따라 달라지는 법이지. 그러니, 네가 고통스러울 때 네가 취할 수 있는 유일한 방법은 감각의 크기를 넓히는 것뿐이다. 유리잔이 아닌 넓은 호수가 되려무나."

세상이 함께 쓴 삶의 지혜

내 삶을 바꾼
짧고 깊은 이야기

2016년 7월 1일 초판 1쇄 찍음
2016년 7월 11일 초판 1쇄 펴냄

지은이   전인류
기 획   문화집단 내일
디자인   그루아트(이수현, 이지혜)
        gruart1@gmail.com

펴낸이   이상
펴낸곳   가갸날
주 소   10386 경기도 고양시 일산서구 강선로 49 BYC 402호
전 화   070 8806 4062
팩 스   0303 3443 4062
이메일   gagyapub@naver.com
블로그   blog.naver.com/gagyapub

ISBN   979-11-956350-5-4 03190
이 도서의 국립중앙도서관 출판예정도서목록(CIP)은 서지정보유통지
원시스템 홈페이지(http://seoji.nl.go.kr)와 국가자료공동목록시스템
(http://www.nl.go.kr/kolisnet)에서 이용하실 수 있습니다.(CIP제어번호:
CIP2016014993)